Ludwig Traube

O ROMA NOBILIS

Philologische Untersuchungen aus dem Mittelalter

Ludwig Traube

O ROMA NOBILIS
Philologische Untersuchungen aus dem Mittelalter

ISBN/EAN: 9783743390652

Hergestellt in Europa, USA, Kanada, Australien, Japan

Cover: Foto ©Thomas Meinert / pixelio.de

Weitere Bücher finden Sie auf **www.hansebooks.com**

O Roma nobilis.

Philologische Untersuchungen

aus dem

Mittelalter

von

Ludwig Traube.

Aus den Abhandlungen der k. bayer. Akademie der Wiss. I. Cl. XIX. Bd. II. Abth.

München 1891.
Verlag der k. Akademie
in Commission bei G. Franz.

I.

O Roma nobilis.

Als G. B. Niebuhr 1829 Naeke's Winterprogramm[1]) über die *Lydia bella puella candida* gelesen hatte, verschloss er sich ungläubig den Erwägungen des Freundes. Erblickte dieser in dem lasciven Rhythmus ein junges Machwerk, so hatte Niebuhr ihn längst mit zwei anderen Liedern, die er im Vaticanus 3277 der Philippiken des Cicero gefunden hatte, zusammengestellt. Höflich lässt er Naeke's Annahme für die Lydia bestehen, nicht jedoch ohne ihn dahin führen zu wollen: das Gedicht, wenn es denn nicht antik sei, wenigstens dem 15. Jahrhundert zuzuweisen, nicht dem Mittelalter, dem sein Ton ganz fremd sei; um so wärmer nimmt er sich der eignen Findlinge an. Diese könnten nach dem Untergang des westlichen Reiches keineswegs gedichtet sein. Er trennt dabei beide, und hält den zweiten für ausgesprochen heidnisch. Sie folgen dem Briefe, den Niebuhr ins Rheinische Museum III (1829) 1 ffg.[2]) einrücken liess. Naeke's Antwort (ebenda 9 fg.)[3]) ist kurz: er giebt ganz späten Ursprung für seine Lydia zu, für die Funde hat er ein kurzes Kompliment, kein Wort der Zustimmung zur Beurteilung ihres Alters.

Oft wurden seitdem die beiden durch Niebuhr bekannt gemachten Lieder auf Grund seines Textes abgedruckt, und gewiss ist das erste nie ohne Rührung gelesen worden. Von ihm ging auch die folgende Untersuchung aus, die aber dem zweiten weniger anziehenden, das sich später noch in einer anderen Handschrift fand, ihren Kreis nicht verschliessen durfte.

Niebuhr's Handschrift ist der langobardisch geschriebene Vaticanus 3227 (V). Auf fol. LXXX[v] folgen einem Teil der *Versus duodecim sapientium* (Poet. lat. min. ed. Baehrens IV S. 139 c. 141 v. 1—22) ohne Ueberschrift mit kleinerer Hand geschrieben die beiden Lieder (I. II) bis fol. LXXX dritte Zeile von oben, dann nach

1) Opuscula I 168.
2) Kleine Schriften II 257.
3) Opuscula I 318.

einer Zeile Zwischenraum das Regionsverzeichnis = C bei Jordan Topographie II 3 (vergl. ebenda S. 541) von derselben Hand. Die erste Strophe von I ist neumiert. Nach Jordan enthält die Handschrift ausser den *Philippicae* auch das *Somnium Scipionis.* Nach Niebuhr, der sie mit dem Codex der Cluentiana und des Varro vergleicht (d. i. Laurentianus LI 10 vgl. die Heliogravure bei Chatelain pl. XII u. XVII), ist sie im 10. Jahrhundert geschrieben, nach Jordan gar im 9; aber sicher gehört sie ins ausgehende 11. Jahrhundert. Vgl. meine Tafel I.

Dreissig Jahre nach Niebuhr's Veröffentlichung fand Jaffé das II. Lied wieder in dem berühmten Sammelband der Cambridger Universitätsbibliothek cod. 1567 (C), fol. 441ᵛ unter dem reichen Schatz mittelalterlicher Gedichte, den er gesammelt als 'Cambridger Lieder' in Haupt's Zeitschrift XIV 449 ffg. herausgab; II steht bei ihm Seite 493. Strophe 1 und 2 sind neumiert. Die Handschrift ist nach Jaffé (Seite 450) von einer vielleicht angelsächsischen Hand des 11. Jahrhunderts geschrieben. Vergl. Tafel II.

Auf Grund photographischer Aufnahme, die der Neumen wegen nöthig war, von I und II aus V, von II aus C, lasse ich einen neuen Text folgen. Wenn nichts vermerkt ist, sind die neuen Lesarten die der Handschriften, deren Orthographie durchaus beibehalten ist, ohne dass hierin Niebuhr's Abweichungen bezeichnet würden.

I.

1. *O Roma nobilis, orbis et domina,*
Cunctarum urbium excellentissima,
Roseo martyrum sanguine rubea,
Albis et virginum liliis candida:
Salutem dicimus tibi per omnia,
Te benedicimus: salve per secula.

2. *Petre tu prepotens caelorum claviger,*
Vota precantium exaudi iugiter.
Cum bis sex tribuum sederis arbiter,
Factus placabilis iudica leniter.
Teque petentibus nunc temporaliter
Ferto suffragia misericorditer.

3. *O Paule, suscipe nostra precamina,*
Cuius philosophos vicit industria.
Factus economus in domo regia
Divini muneris appone fercula,
Ut, quae repleverit te sapientia,
Ipsa nos repleat tua per dogmata.

I nach V. 2, 5 *precantibus* Niebuhr; 3, 1 *peccamina* Niebuhr.

II.

1. *O admirabile Veneris ydolum,*
Cuius materiae nichil est frivolum:
Archos te protegat, qui stellas et polum
Fecit et maria condidit et solum.
Furis ingenio non sentias dolum:
Cloto te diligat, quae baiulat colum.

2. *Saluto puerum (non per ypothesim,*
Sed firmo pectore) deprecor Lachesim,
Sororem Atropos, ne curet heresim.
Neptunum comitem habeas et Thetim,
Cum vectus fueris per fluvium Athesim.
Quo fugis amabo, cum te dilexerim?
Miser quid faciam, cum te non viderim?

3. *Dura materies ex matris ossibus*
Creavit homines iactis lapidibus.
Ex quibus unus est iste puerulus,
Qui lacrimabiles non curat gemitus.
Cum tristis fuero, gaudebit emulus:
Ut cerva rugio, cum fugit hinnulus.

Grund für Niebuhr, seinen Liedern antiken Ursprung zuzusprechen, war neben allgemeinen Erwägungen, die nicht widerlegt, aber auch nicht bewiesen werden können, Folgendes, was wir mit seinen eignen Worten anführen:

1. 'Ueber dem geistlichen Hymnus (I) steht die Melodie in antiken Noten: und von der erklärt der päbstliche Kapellmeister Baini, ein höchst befugter Richter und wahrhaftiger Zeuge, dass er keine Kirchenmelodie kenne, worin die altgriechische Musik so rein sei: welches sie über das VII. Jahrhundert hinauf zu sezen scheint. Die Melodie könnte angepasst — aber es musste doch, als sie gedichtet ward, die Versart gebräuchlich sein.'

2. 'Ja ich glaube nicht, dass der Hymnus (I) nach dem Untergang des westlichen Reiches gedichtet sein kann: wer sollte nachher, in einem zum öffentlichen Gesang bestimmten Liede die Stadt domina orbis und mit der Heiterkeit im Feierlichen begrüsst haben.'

II nach VC. Strophe 1, 1 *idolum* C. 2 *materie nihil* C. 3 *arcus* C. 6 *que baulat* C.

Str. 2, 1 *ypoteam* C. 2 *sereno pectore* Niebuhr. 3 *sororem* wie Jaffé vermutete V, *sororis* C, *sororum* Niebuhr; *Atropo* vermutete Jaffe. 4 *et tetim* C] ziemlich unleserlich V, *perpetim*? Niebuhr. 5 *Athesim* Niebuhr] *thesim* V, *tesim* C.

Str. 3, 6 *rugio* VC] *fugio* Niebuhr; *hinulus* V.

3. 'Das kirchliche Lied (I) ist zerstückt, verwässert und in schlechten jambischen Takt übertragen dem Hymnus *Aurea luce* etc. einverleibt, welchen die römische Kirche am 28. Junius singt.'

4. 'Es ist . . . (II) zum Teil eine Reimerei, wofür der Verfasser keine Gedanken auftreiben konnte, oder sich doch mit Abgeschmacktem und Unsinn begnügt hat: aber nicht unmerkwürdig ist das Heidentum darin. Ein oberster Gott ist hervorgetreten unter dem Namen Archos: die Idola . . . sind zu Dämonen herabgekommen.'

Fast allgemein fand Niebuhr's Urteil Beifall, und durch seine Autorität veranlasst, ja sogar fast entschuldigt, ist was Gregorovius Geschichte der Stadt Rom im MA. I[4] 379 über die Gedichte vorbringt: 'Wir können uns nicht versagen, ein altes lateinisches Lied aufzunehmen, welches zu den letzten Erinnerungen des heidnischen Cultus gehört. Dieses sind seine nicht übersetzbaren Strophen:' (folgt II). 'Wenn der Dichter dieses rätselhaften Liedes, in welchem Venus und Amor in der Gesellschaft jener drei Parzen oder Tria Fata' (vgl. Gregorovius S. 378 fg.) 'auftreten, solche Verse sang, mag ihm mit einem anderen Liede auf Petrus und Paulus geantwortet worden sein:' (folgt I). Dazu fügt er in der Anmerkung: 'Beide Lieder fand Niebuhr . . . Er setzt sie noch in die letzte Zeit des Reichs. Die . . Glosse de tribus fatis' (Mythograph. Vat. I ed. Mai S. 40) 'berührt sich indess merkwürdig mit dem ersten Liede. Sie hat dieselbe Phrase: Clotho colum bajulat, und ich erkenne die Zeit des Mythographen, das Saec. V. Das weltliche Lied' (II) 'scheint sich auf eine Statue der Venus zu beziehen; im Vers furis ingenio non sentias dolum finde ich die Furcht vor Räubern von Statuen ausgesprochen. Es war vielleicht das Klagelied eines Römers vor seiner Lieblingsstatue, von welcher er Abschied nahm. Die letzte Strophe ist sehr dunkel'.

Anderer Ansicht als Niebuhr waren, soweit ich sehe, nur Ozanam Documents inédits Paris 1850 S. 19, der wenigstens II ins 10. Jahrhundert setzt und gut erklärt, Daniel Thesaur. hymn. IV 100 und Riese Anthol. lat. II S. XXXIX, die auf Reim und Rhythmus als in dieser Form dem Altertum fremd hinweisen. Doch bleibt genug zu sagen, und zunächst sind die Gründe Niebuhr's im Einzelnen zu widerlegen.

1. Dem Urteil Baini's über die Neumen stelle ich die Ausführung W. Brambach's entgegen, die ich W. Meyer's gütiger Vermittelung verdanke. Brambach schreibt nach Besichtigung meiner Tafeln: 'Die Aufstellungen des Herrn Dr. Traube scheinen mir annehmbar. Ich zweifle nicht, dass die Melodie im Ganzen beiderseits (I. II) gleich gebaut ist. Die Verschiedenheit des Aussehens beruht auf dem Unterschiede zwischen der lombardischen und fränkischen Schreibweise. Thatsächlich lässt sich die Melodie von I *O Roma* auf II *O admirabile* singen, wie auch umgekehrt. Im Einzelnen ist die Melodie I mehr verziert, II fast ganz einfach. Abgesehen von kleinen Undeutlichkeiten in der Schrift, hat I auf 12 Silben entweder Melisma oder Vorschlag, wo II den einfachen unzerlegten Ton bewahrt. An zwei entsprechenden Stellen tritt in beiden Melodien eine Verzierung ein: I 5 dicimus 6 benedicimus,

II 5 o 6 diligat. Auch hier ist die Tonverbindung in I um ein paar Stufen reicher als in II. Demgemäss macht der vorwiegend syllabische Gesang II den Eindruck des älteren, ursprünglichen; dagegen der melismatische I erscheint entwickelter, fortgeschrittener. Die Neumenschrift in II kann dem 10. Jahrhundert angehören. Die lombardischen Neumen neigen zur Zerlegung in Puncte, sind also nicht älter, vielleicht jünger.'

2. Dass Rom *caput mundi* blieb, nachdem es seine politische Macht verloren, oder wurde, nachdem es seine päpstliche gewonnen, — dies zu erweisen, wenn es eines Erweises bedarf, genügt es, an den Abschnitt La Gloria e il Primato di Roma in A. Graf's Roma nella memoria e nelle immaginazioni del medio evo Turin 1882 I 1 flg., zu erinnern. Ich füge hinzu, dass Abt Berthari von Montecassino im 9. Jahrhundert mit den Worten des Rhythmus I vom H. Benedikt sagt:[1])

Tu studiis spretis orbis dominam fugis urbem.

3. Eigne Bewandnis hat es mit dem von Niebuhr angeführten Kirchenlied, das nach ihm auf I zurückgehen soll.

Im siebenten Jahrhundert befand sich in der Porticus der Basilica Vaticana ein metrisches Epithaph auf eine Helpis aus Sicilien. Dies ging in die Inschriftensammlungen und Anthologieen der Folgezeit über; ein seltsames Schicksal aber scheint es auch (im 13. Jahrhundert?) in eine Handschrift der Consolatio des Boethius verschlagen und aus Helpis die Gattin des Boethius gemacht zu haben[2]). Dieser Helpis nun wurden auch zwei rhythmische Hymnen auf das Fest Peter und Paul zugeschrieben, und in den Hymnarien — ich weiss nicht, ob zuerst in dem des Jos. Maria Thomasi — findet man sie unter ihrem Namen. Irgend eine Gewähr, ich meine nicht, dass die Helpis des Epithaphs, sondern überhaupt eine Helpis sie gedichtet habe, scheint nicht aufgetaucht zu sein; sondern man muss annehmen, dass, nachdem Helpis einmal Gattin des Boethius geworden, man sie auch zur Dichterin erhob und diese Gedichte, die den Apostelfürsten galten, ihr, die zu Petrus durch ihre Begräbnisstätte in Beziehung zu stehen schien, willkürlich zuwies.

Aber alt scheinen die Hymnen zu sein. Der erste, und dies ist der von Niebuhr herangezogene, mit dem Eingang:

Aurea luce et decore roseo,
Lux lucis, omne perfudisti saeculum

begegnet in Handschriften des 10. Jahrhunderts, und ins 8. oder 9. Jahrhundert führt die handschriftliche Ueberlieferung des anderen, welcher beginnt:

Felix per omnes festum mundi cardines
Apostolorum praepollet alacriter.

Ihn hat Madrisio, geleitet von Aehnlichkeiten des Stils, dem Paulinus von Aquileia zugewiesen und dann Dümmler in die Poetae Carolini I 136 (vergl. 126) auf-

1) Mabillon A. SS. saec. I S. 30; vgl. Daniel Thesaur. IV 101.
2) De Rossi Inscriptiones Christianae urb. Romae II 1 S. 426 flg.

genommen[1]). Wichtig ist, dass beide in der Ueberlieferung des Hymnariums aus Moissac — und wohl nicht nur in diesem — schon im 10. Jahrhundert unmittelbar verbunden auftreten.

Beide haben später anderen Hymnen auf Peter und Paul einzelne Versstückchen hergeben müssen, aber Niebuhr's I hat sie beide in viel umfangreicherer Weise benützt, sie in éinen zusammengezogen und aus der jambischen Reihe in die asklepiadeische umgegossen. Es ist seltsam, dass Niebuhr, der freilich nur *Aurea luce* gekannt zu haben scheint, umgekehrt annahm: dieser sei eine Verwässerung von *O Roma nobilis*. Wer die rhythmische Poesie an der Hand von Wilhelm Meyer's Antichrist hat kennen lernen, für den liegt eine Frage hier nicht vor. Die beiden Hymnen der sog. Helpis sind erheblich älter als der elegante, gefeilte und öfter durch Reim oder zweisilbige Assonanz ausgezeichnete, von Niebuhr als I herausgegebene. Aber abgesehen davon, unwahrscheinlich im höchsten Grade wäre es, dass die Gedanken des einen einheitlichen Werkes in zwei getrennten Stücken gewissermassen einzeln wären aufgearbeitet worden, von denen zudem das eine (*Felix per omnes*) erheblich älter zu sein scheint als das andere (*Aurea luce*).

Während die Rhythmen der 'Helpis' in Handschriften sehr häufig sind, ist ausser der vatikanischen für I (*O Roma nobilis*) keine aufgefunden worden. Dies lässt vermuten, dass man es hier mit keinem eingebürgerten Kirchen- oder Pilgerlied[2]) zu thun hat, sondern mit der individuellen Arbeit eines Poeten. Es liegt also nahe, das in der Handschrift mit ihm verbundene 'heidnische' Lied (II *O Veneris ydolum*) in entsprechender Behandlung der Verse[3]) zu seiner Beurteilung heranzuziehen. Es drängt sich die Folgerung auf, dass beide hier nicht zufällig sich zusammengefunden, sondern gleichen Ursprung haben.

4. Das II. Niebuhr'sche Lied ist, was Strophe 2, 5 zeigt, in Italien gedichtet. Es ist nicht, wie schön der Gedanke auch sein mag, 'das Klagelied eines Römers vor seiner Lieblingsstatue, von der er Abschied nimmt' (oben S. 302), sondern, so hässlich der Gedanke auch ist, es ist ein äusserst gewöhnliches *παιδικόν*, an welcher Gattung das Mittelalter nicht gerade arm ist.

Zwar aus der Zeit vor dem 11. Jahrhundert, welches auch der Niederschrift der Handschriften die äusserste Grenze für unsere Untersuchung sein muss, wüsste ich kein Beispiel anzuführen, aber italienische Dichtungen dieser Zeit sind überhaupt spärlich auf uns gekommen. Dafür finden wieder in früherer Zeit starke Reminiscenzen aus dem heidnischen Altertum und der Welt des Olymp in Italien leichter ihre Erledigung. Die Erinnerung an die Vergangenheit war hier lebendiger geblieben, und fortgesetzter Laienunterricht hatte sie wach erhalten. Es fehlt nicht an Grammatikern und gelehrten Kommentatoren; auch nicht an Dichtern, welche sich in antiken

1) Vgl. Wilhelm Meyer's Antichrist S. 86.
2) Wie Graf a. a. O. S. 57 will; vgl. Daniel S. 99.
3) Vgl. Meyer's Antichrist S. 100.

Massen versuchen. Ja selbst in mehr volkstümlicher Dichtung finden wir merkwürdige Ueberreste gelehrter Kenntnis aus dem Altertum. Die Soldaten, die 871 den in Benevent gefangenen Kaiser Ludwig II. beklagen, wissen zwar ihre rohen Rhythmen nur mit biblischen Citaten zu schmücken, doch offenbar sind es Franken; aber um gleiche Zeit singen die wehrhaften Bürger auf den Mauern Modena's sich Mut zu mit den eleganten Rhythmen, welche anheben:

O tu, qui servas armis ista moenia,
Noli dormire, moneo, sed vigila:
Dum Hector vigil extitit in Troia,
Non eum cepit fraudulenta Grecia. —
Prima quiete dormiente Troia
Laxavit Synon fallax claustra perfida:
Per funem lapsa occultata agmina
Invadunt urbem et incendunt Pergama. —
Vigili voce avis anser candida
Fugavit Gallos ex arce Romulea;
Pro qua virtute facta est argentea
Et a Romanis adorata ut dea. —
Nos adoremus celsa Christi numina.

Aber II lässt sich viel genauer, sogar örtlich umgrenzen. Die seltsamen Reime der zweiten Strophe sind nur auf *Athesim* ersonnen[1]). Und wer seinen Knaben über den Adige entfliehen lässt, der war an dessen Ufern zu Hause.

Dies scheint die Art des Rhythmus zu bestätigen. Die asklepiadeische Reihe in dieser Form ist selten genug angewandt worden. Weit gebräuchlicher war der Zehnsilber 4 + 6 ⏑ —[2]), der den Vaganten so geläufig wurde. Er ist in Italien heimisch und es gibt frühere Beispiele für ihn, als die von Meyer angeführten[3]). Aber für 6 ⏑ — + 6 ⏑ — wüsste ich weder frühere, noch überhaupt mehr Beispiele anzuführen als Meyer[4]). Und Meyer führt ausser unseren beiden Liedern (I. II) nur noch ein späteres und ein, nach der grösseren Unsicherheit der Sprache und der Rhythmen zu schliessen, entschieden früheres an. Dieses aber ist ein Hymnus auf Zeno, den Heiligen Verona's; auch dies Lied erwähnt den Adige, auch es ist in Verona gedichtet. Die Handschrift, die es erhalten, ist nach der Ballerini und des Grafen

1) Offenbar ist Niebuhr's Schreibung (A)thesim richtig.

2) Meyer's Antichrist S. 168.

3) Vgl. Bibliotheca Casinensis II cod. LXXVII Seite 292 (nach Caravita und Reifferscheid 10. Jahrhundert):

Summe pater cunctorum conditor
Sacri verbi praestare genitus.

4) Ebenda S. 100. Mone Hymnen III S. 381 mischt Ungehöriges ein. Jacopone ahmt I nach.

Giuliari Zeugnis[1]) aus dem 9. Jahrhundert: das Gedicht geht auf Coronatus zurück und ist wol gleichfalls dem 9. Jahrhundert zuzusprechen.

Werden wir so für II auf Verona geführt, so scheint auch für I ein, wenngleich unsicheres, Zeugnis auf dieselbe Stadt zu verweisen. In meinen karolingischen Dichtungen (S. 115) hatte ich vermutet, dass der Rhythmus des Veroneser Stadtplans zurückginge auf einen in karolingischer Zeit verfassten Rhythmus zu einem Plan der Stadt Rom. Den dem Veroneser Plan eingeschriebenen Vers *Magna Verona vale, valeas per secula semper* hatte ich, unabhängig von vorliegender Untersuchung, verglichen mit dem Vers in I: *salutem dicimus tibi per omnia, te benedicimus, salve per secula* und beide zurückgeführt auf den von mir vermuteten Rhythmus zu dem jedenfalls vorauszusetzenden römischen Stadtplan aus karolingischer Zeit. Ob es nun so sei oder ob der Dichter von I unmittelbar durch den Veroneser Rhythmus beeinflusst wurde, die Aehnlichkeit erklärt sich am besten, wenn auch I in Verona entstand. Auf den leichten Anklang aber beider Verse an einander Gewicht zu legen, gestattet der Umstand, dass I den Gruss und Wunsch für Rom in dem sonst von ihm benutzten Lied *Felix per omnes*[2]) nicht vorfand, wo es nur heisst:

O Roma felix, quae tantorum principum
Es purpurata pretioso sanguine,
Excellis omnem mundi pulchritudinem
Non laude tua, sed sanctorum meritis,
Quos truculentis iugulasti gladiis.

Also zwischen dem 9. Jahrhundert, in welcher Zeit für S. Zeno Rhythmus (und Melodie?) erfunden wurde, und dem 11. Jahrhundert, aus welchem die schon nicht mehr ungetrübte handschriftliche Ueberlieferung vorliegt, scheinen in Verona I und II gedichtet worden zu sein. Damit stimmt, dass die hier angewandte zweisilbige Assonanz mit dem Streben, sich zum reinen Reim durchzuarbeiten, für das 10. Jahrhundert passend ist. Verona aber ist in der Zeit vor und nach Bischof Ratherius eine Hauptstätte geistigen Lebens und Strebens in Italien.

Die heilig-feierlichen Rhythmen von I sind nie misdeutet worden; aber es mag bemerkt bleiben, dass sie, ein Cento aus früheren Kirchenliedern, in markiger Kürze den Gefühlsinhalt fremder Poesieen zusammendrängen und, als Lied für das Fest Peter und Paul bestimmt, nicht eigentlich dem Preise der ewigen Stadt gelten. So ungern man es sehen wird, in der erhabenen Anrede an Rom steckt nichts Persönliches. Rom wird nur als Schauplatz des Martyriums der Apostel besungen.

Um so ärger sind die Misverständnisse des zweiten 'unübersetzbaren' Liedes[3]), denen am kürzesten durch eine Uebersetzung begegnet wird:

1) In Zenonis sermones S. XCII.

2) Vgl. oben S. 303.

3) Selbst Jaffé, der es *Feminae amantis gemitus* überschrieb, kann den Inhalt nicht verstanden haben.

1. O wunderbares Abbild der Liebesgottheit,
An dessen Leib auch nicht ein kleiner Makel ist,
So möge der Herr[1]) dich schützen, der Sterne und Himmel
Schuf und Meer und Festland gestaltete.
Nicht durch die List des Lebens-Diebes sollst du tückisches Leid erfahren:
Nein, liebend schonen möge dich Clotho, die den Rocken dinset.

2. 'Erhalte[2]) dem Knaben das Leben', fleh' ich nicht im Scherzspiel,
Sondern von ganzem Herzen die Lachesis an,
Der Atropos Schwester, damit sie nicht sinnt, dich zu verlassen. —
Neptun und Thetis magst du zu Geleitern haben,
Wenn du über den Etschstrom[3]) fährst.
Doch, was[4]) fliehst du — ich beschwöre dich[5]), da ich dich doch liebe?
Ich Armer, was werd' ich anfangen, wenn ich dich nicht mehr sehe?

3. Harter Stoff aus der Mutter Gebeinen
Schuf die Menschen, da Pyrrha und Deukalion ihre Steine warfen.
Und von solchen Steinen muss einer jenes Knäbchen sein,
Der sich nicht kümmert um thränenreiches Klagen.
So wird denn, wenn ich in Trauer bin, nur mein Nebenbuhler die Freude haben.
Und doch muss ich schreien, wie die Hindin, wenn ihr das Junge flieht.

Wenn dies Gedicht heidnisch ist, dann gibt es gar viel heidnische Gedichte aus christlicher Zeit. Ich finde in ihm nur die gespreizte Gelehrsamkeit des Schulmeisters, der seine Glossare und Handbücher nicht nur kannte, sondern auch verwerten wollte. Da es ihm aber an echter Empfindung doch nicht ganz gebrach und seine Zeit ein offenes Ohr gerade für den hier angeschlagenen Ton hatte[6]), so wird man sich nicht wundern, neben andern beliebten und gern gehörten Stücken auch unser Lied in dem Textbuch jenes ältesten Goliarden wiederzufinden[7]), das uns die Cambridger Liederhandschrift überliefert.

1) *Archon* ist mittelgriechisch häufig, vgl. Poet. Carol. II 397 f.

2) Ich vermute *Salu(a)to* für *Saluto* der Hs.

3) Die Veroneser kannten folgende Etymologie von Athesis: *Athesis fluvius . . interpretatur . . sine positione i. e. instabilis, nam 'a' privativa dictio est, thesis dicitur positio; est autem rapidissimus amnis*. Commentar der Gesta Berengarii zu Vers 148 ed. Dümmler S. 89.

4) Vgl. Vahlen Sitzungsberichte der kgl. preuss. Ak. 1883 S. 89

5) Wie die Messung zeigt, hat der Dichter das Wort nur aus dem Lexikon und kannte seinen Ursprung nicht; vgl. Papias *Amasio: unde amabilis comicum adverbium*.

6) Vgl. die Stelle aus Ivo v. Chartres bei Dümmler Zeitschrift f. deutsches Altertum XXII 258.

7) Vgl. Traube Anzeiger f. deutsches Altertum XV 200.

Anmerkungen zu O Roma nobilis.

1. Ausgaben und Handschriften.

Zu S. 299.

Von Ausgaben der beiden Rhythmen sind folgende zu nennen: Anthol. lat. ed Meyer II 39 (I und II), Anthol. lat. ed. Riese II XXXIX (I und II), Daniel Thesaurus IV 96 (I), Du Méril Poésies populaires 1843 S. 239 (I und II), Gregorovius s. oben S. 302. — Von den bekannten Handschriften in langobardischer Schrift steht dem Vaticanus am nächsten der Mediceus II des Tacitus, vgl. die Tafeln in dem wüsten Buch von Hochart De l'authenticité des annales et des histoires de Tacite, Paris 1890. — Ueber die Handschrift der Cambridger Lieder zuletzt Breul, Haupt's Zeitschrift N.F. XVIII (1886) S. 186 ffg.

Die Ausgaben der Rhythmen der Helpis verzeichnet Chevalier Repertorium hymnologicum S. 95. Handschriften des 10. Jhd. von *Aurea luce* Bernensis 455 und Moissiacensis bei Dreves Analecta hymnica II 51; *Felix per omnes* im Parisin. 4103 8./9. Jhd.

2. Knabenliebe im Mittelalter.

Zu S. 304.

Vgl. im Allgemeinen A. Schultz Das höfische Leben I[2] 585 und für Italien A. Dresdner Kultur- und Sittengesch. der italien. Geistlichkeit im 10. u. 11. Jhd. Breslau 1890 S. 324. Derartige Gedichte aus dem 11./12. Jhd.: Hilarius ed. Champollion-Figeac c. VII u. IX. und Dümmler Zs. f. d. A. XXII 256 (Frankreich), aus dem 12. Jhd.: Ganymed ed. Wattenbach Zs. f. d. A. XVIII 127 (Italien), Dümmler Neues Archiv XIII 356 ffg. (315), Hauréau Mélanges d'Hildebert S. 177 u. 6. (Frankreich).

3. Ibisscholien. Apuleius im Mittelalter.

Zu S. 304.

Gleichfalls aus dem 12. Jahrhundert und in Frankreich ersonnen, vielleicht mit Bezug auf den dem Verfasser aus Apuleius Apol. 16, 2 K. bekannten *puer Aster* des Plato ist das Gedicht des 'Lucretius' auf den *puer Asterum* Schol. in Ibin ad v. 419 ed. Ellis S. 75. Die Schriften des Apuleius, die der 1053—87(?) geschriebene Florentinus F enthält, kommen seit dem 12. Jahrhundert schnell zu allgemeiner Verbreitung und Bekanntschaft. Das betreffende Kapitel der Apologie ist z. B. im 13. Jahrhundert von dem Verfasser der Metamorphosis Goliae episcopi (bei Th. Wright The latin poems attributed to Walter Mapes London 1841 S. 21 ffg. vgl. v. 178 ffg. und v. 183) benutzt worden, der auch Amor und Psyche kennt. Aber schon lange vorher hat der Verfasser von 'Ganymed und Helena' (herausg. von Wattenbach Zeitschr. f. d. Altertum XVIII vgl. S. 128, Strophe 14) die *Providentia* in sein Gedicht aus Kenntnis von Apul. Met. VI 15 eingeführt. Seit jener Zeit hat die Beschäftigung mit Apuleius nicht aufgehört. Dass der Trecentist, der Met. X 21 interpolierte, aus seiner eigenen schmutzigen Phantasie schöpfte, brauchte für den, der die Ueberlieferung der Metamorphosen kennt, nicht erst gesagt zu werden, muss es aber für den Leser von Wölfflin's Archiv für Lex. I 337.

4. Klassische und christliche Anklänge in italienischen Gedichten.

Zu S. 304.

Im Allgemeinen vgl. Ozanam Documents inédits. Ueber *O tu qui servas* Neues Archiv I 573 und IV 559; die Verse stehen oben nach einer neuen Vergleichung der Handschrift, die ich

Dümmler's Güte verdanke. Das Lied ist neumiert und, wenn auch von einem Schulmeister gedichtet, doch für das Verständnis der Menge bestimmt. Biblische Citate in dem Rhythmus der Soldaten Ludwig's II. vgl. Mühlbacher Regesten I S. 468. — Ueber die damalige Bildung in Italien die gelehrte Zusammenstellung von G. Salvioli L'istruzione pubblica in Italia nei secoli VIII, IX e X in Rivista Europea vol. XIII fg. Florenz 1879 fg., und A. Dresdner Kultur- und Sittengeschichte a. a. O. S. 233 fg.

5. Gelehrte Bildung in Verona.

Zu S. 306.

Vgl. Salvioli a. a. O. XIV 55 fg. und Dresdner a. a. O. 245. Das Epitaph des Archidiacon Pacificus von Verona († 844?), das von ihm rühmt, er habe 218 Handschriften 'gemacht', bei Dümmler Poet. Carol. II S. 655; v. 16 muss es statt des sprachlich und rhythmisch unmöglichen *Plura alia grafiaque prudens invenit* heissen *p. a. grafia, quae p. i.* Das Sapphische Gedicht auf Bischof Adalhard von Verona († 905—911) zeigt irischen Einfluss, vgl. Traube Poet. Carol. III S. 186. Natürlich kann es in der Hs. nicht, wie Rühl zu lesen glaubte, *Anonymi carmen* überschrieben sein.

6. Clotho colum baiulat.

Zu S. 307.

Es ist klar, dass *Clotho quae baiulat colum* von dem Dichter entnommen wurde den bekannten Versen über die Parzen:

Clotho colum baiulat, Lachesis trahit, Atropos occat.

Fand er diesen beim Mythographus Vaticanus I (vgl. oben S. 302), so ist zu bemerken, dass dieser nicht aus dem 5., sondern dem 9. Jahrhundert stammt. Aber die Verse, welche leoninisch sind und das falsche, vor karolingischer Zeit kaum mögliche *baiulat* enthalten, sind dort vermutlich nur interpoliert und noch jüngeren Ursprungs als der Mythograph selbst. Sehr häufig begegnen sie einzelüberliefert in Handschriften seit dem 12. Jhd.: ausser den von Baehrens Poet. lat. min. V 398 angeführten z. B. im clm. 19490, 19411; Thurot Notices et Extraits XXII 2 S. 428 und Papias. Die Uebersetzung hält sich an v. 62 fg. des von Max Rieger Germania III (1858) S. 406 herausgegebenen Gespräches zwischen Seele und Leib.

7. Palaeographische Bemerkung.

Zu Tafel 1.

Auch im Vaticanus fällt der Unterschied der beiden Ligaturen von *ti* auf. Es ist eine Beobachtung, die man in den langobardischen Handschriften dieser Zeit überall machen kann, dass *ti*, wo es *zi* gesprochen wurde, anders ligiert ist als *t-i*, so dass z. B. die Ligatur in *nationis* immer anders ist als in *gentis*. Vgl. Paoli bei Wattenbach Anleitung zur lat. Palaeographie[4] S. 61.

II.

Vita Adalhardi des Radbertus Paschasius.

Am 2. Januar 826 starb Adalhard, der ausgezeichnete Abt von Corbie (Corbeia Vetus), der Begründer Korvei's (Corbeia Nova). In den ersten Monaten desselben Jahres schrieb Radbertus Paschasius, ein begabter Mönch in Corbie, das Leben seines Abtes. Wenigstens so nennt man das Werk des Radbertus und als Vita bezeichnen es die Handschriften. Aber schon dem Mittelalter ist der Stil desselben aufgefallen und einem Mönch des 11. Jahrhunderts schien es eher ein *epithalamium* als ein *textus historiae* zu sein. Die Schreibart ist pastoral, das biographische Detail der Schrift nebensächlich, das Ganze darauf abzielend, Thränen zu erwecken und Trost zu erbitten. Die Verdienste Adalhard's werden mit unnatürlich vollem Licht beleuchtet, damit man sehe, was Corbie und Korvei an ihm verloren. Diesem ersten Teil folgt ein zweiter in Versen: die sogenannte Ecloga. Corbie und Korvei treten in ihm personificiert auf und wiederholen im Wechselgesang dieselben Klagen, dieselben Trostgründe. Man hat früher bestritten, dass die Ecloga von Radbertus gedichtet ist. Aber beide Teile bilden ein untrennbares Ganze.

Die Form eines solchen biographischen Denkmals ist für das Mittelalter unerhört. Es gibt dazu keine Analogie, sondern nur eine Nachahmung. Aber diese, des Agius Vita Hathumodae mit dem folgenden Dialogus, ist 874 in Korvei entstanden und beweist nur, dass dort, in dem Tochterkloster, das Andenken Adalhard's und Radbert's, der inzwischen als gefeierter Schriftsteller und Abt von Corbie gestorben, noch nicht erloschen war.

Den ersten Teil des Radbert'schen Werkes, die sogenannte Vita, besitzen wir nur in interpolierter Gestalt. Die Interpolationen sind zu Radbert's Zeit und in seinem Kloster vorgenommen worden. Also war Radbert sein eigner Interpolator.

Weniger merkwürdig als die seltsame Form von Vita und Ecloga, muss doch auch dieser Umstand Erklärung finden. Ich suchte sie für die Auffälligkeit der Form und fand sie dabei auch für die Auffälligkeit der Interpolation. Sie scheint mir so gewiss, schon dadurch dass sie beides auf einmal erklärt, dass ich ohne weiteres ihr Ergebnis vorbringe.

Das Werk Radbert's ist nicht die erste Niederschrift. Aber diese kann sich von dem, was uns erhalten ist, nicht sehr unterschieden haben. Da sich an mehreren

Stellen der Einschub, den er später vornahm, noch jetzt als solcher kennzeichnet, sehen wir, dass die vorgenommene Veränderung nicht gross war, vor allem, dass sie nicht den Charakter, den Stil der ganzen Leistung betraf. Immer also gilt es, diesen zu rechtfertigen.

Ich nehme an, dass nach dem Tod Adalhard's an die mit Corbie zum gemeinsamen Gebet verbundenen Confraternitäten eine Todtenrolle (Rotulus) herumging; das war nach der Sitte ein Rundschreiben in pastoralem Ton mit der Bitte um Trost und Thränen, welche begründet wurde durch die Hervorhebung der Verdienste des verstorbenen Confrater. Die Rolle kam nach Corbie zurück, am Schlusse versehen mit den Vidimierungen (Tituli) der betreffenden Confraternitäten. Es war die Sitte, dass die Confraternitäten einige Zeilen am Schluss der Rolle unterschrieben, um zu beweisen, dass sie vom Boten wirklich zu ihnen gebracht worden war. Wie zumeist in dieser Zeit, waren die Tituli auf der Rolle für Adalhard Verse. Denn alles was in Beziehung zum Todtenkult stand, lehnte sich damals an den ererbten Gebrauch der metrischen Epitaphien an. Und, ohne zu viel zu sagen, kann man behaupten, dass die Poesie in der ersten Hälfte des Mittelalters mehr der Todten als der Lebenden wegen gepflegt wurde. Zusammenbetrachtet mussten die metrischen Unterschriften, welche in wechselnder Klage der gleichen Trauer galten, wenn sie das Kloster, das den Rotulus ausgegeben hatte, zurückempfing, den Eindruck eines Carmen amoebaeum machen.

Der Verfasser des Rotulus war, wie ich vermute, Radbertus; die erste Niederschrift der Vita, die wir vorauszusetzen hatten, war eben dieser Rotulus. Als das Dokument mit den metrischen Tituli versehen nach Corbie zurückkam, ging Radbertus daran, die Gelegenheitsschrift zu einem litterarischen Denkmal aus- und umzugestalten. Dem Rotulus, den er selbst verfasst, hatte er Weniges hinzuzufügen, was durch die seit dem Tode Adalhard's veränderten Zeiten bedingt war. Wala, der Bruder Adalhard's, war inzwischen nicht, wie er wünschte, Abt von Korvei, sondern Abt von Korbie geworden. In Interpolationen fügt Radbertus die Thatsache kurz ein; absichtlich aber oder unvorsichtig lässt er das stehen, was nur zu Wala's ursprünglicher Absicht stimmte. Schwerer war es Radbert, sich mit dem zweiten Teil (den Tituli) abzufinden. Dieser war nicht sein Werk, und, wenn die Form der einzelnen Tituli zwar gewiss eine künstlerische im damaligen Sinne war, d. h. Verse so gut sie die Verbrüderungen zu machen wussten, so war sie doch keine einheitliche und entbehrte nicht der Wiederholungen. Hier half er sich mit feinem Takt. Die Idee der Wechselklage, die das Ganze ihm erwecken musste, griff er auf; von den Stimmen, die sich in den Unterschriften hatten vernehmen lassen, hielt er sich nur an die des Tochterklosters. Indem er sich der Eclogen des Vergil erinnerte, erwuchs für ihn ein Wettgesang der Corbeia Vetus und Corbeia Nova.

Dies muss man im Auge behalten, wenn man Vita und Egloga richtig beurteilen will. Es bestimmt ihre geschichtliche, vor allem aber ihre litterarische Stellung.

-

Anmerkung zu Vita Adalhardi des Radbertus Paschasius.

1. Vorarbeiten.

Zu S. 310.

Dass die Vita interpoliert ist und die Egloga dem Radbertus gehört, habe ich nachgewiesen Poetae Carol. III 1 S. 38 flg. *Epithalamium non textus historiae* nennt die Vita Gerard v. Corbie bei Mabillon A. SS. saec. IV 1 Seite 345; Hariulf Chronic. Centul. D'Achery Spicileg.[2] II S. 307 bezeichnet sie als *Vita*. Die Litteratur über die Roteln stellt Wattenbach Deutschlands Geschichtsquellen[5] I 60 zusammen. Seitdem erschien die zusammenfassende Arbeit von A. Ebner Die klösterlichen Gebetsverbrüderungen Regensburg 1890, wo aber die metrischen Unterschriften weiter nicht besprochen werden. Einen unbekannten Rotulus (1107) mit metrischen Tituli gab Delisle heraus in Instructions adressées par le comité des travaux historiques .. aux correspondants du ministère de l'instruction publique. Littérature latine et histoire du moyen âge Paris 1890 S. 31. Der Rotulus des Vitalis (1122—1123) ist abgebildet Album paléographique Paris 1887 pl. XXX.

Ueber Agius habe ich gehandelt in der Einleitung zu dem im Druck befindlichen Band der Poet. Carol III 2, eben dort den Zusammenhang der mittelalterlichen Trauergedichte mit den antiken Epicedien und Consolationen nachgewiesen.

2. Nachtrag zu den Gedichten des Radbertus.

In den Poetae Carol. a. a. O. S. 52 c. IV 1 habe ich unbegreiflicherweise einen dummen Fehler der Ueberlieferung nicht nur stehen lassen, sondern sogar zu rechtfertigen gesucht. Nach dem Gebrauch mittelalterlicher Invokation musste ich für:

> *Idoneae nunc nunc gelida de rupe Camenae*
> *Ut veniant, petimus: verum te, Sophia virgo,*
> . . . .
> *Deprecor, ut precibus digneris cedere nostris*

schreiben

> *Aoniae nunc nunc* u. s. w.

Auch hätte ich ebenda S. 40 Anm. 5 die sonderbare Form der Handschrift von Korvei, auf der Paullini's Fälschung fusst, erklären können: für *ᴾRadbertus* d. h. *Paschasius Radbertus* ist Pre radbertus verlesen worden.

Absichtlich habe ich in Radbert's Gedicht III a. a. O. S. 52 von der Collation Leyser's Historia poetarum S. 242 und den Conjekturen C. von Barth's, auf die Leyser verweist, keinen Gebrauch gemacht. Der Wolfenbüttler *Pervetustus* ist arg interpoliert und v. Barth's Einfälle verderben sogar die Parastichis *Radbertus levita*.

III.

Meginfridus Trithemii.

Die Zeiten sind vorüber, in denen Lessing aus dem Chronicon Hirsaugiense des Trithemius eine gute Nachlese zu des Fabricius Bibliotheca latina mediae et infimae aetatis erhoffen durfte: der grosse Mann hatte wirklich einmal vitrea fracta zu Markte getragen.

Das Capitel von den 'ältesten Schriftstellern Hirschaus' hat Carl Wolff aus der deutschen Klostergeschichte gestrichen. Der gelehrte Fuldaer Chronist Meginfrid, dem Trithemius es nachzuschreiben vorgab, ist eine Ausgeburt der in blinder Ruhmesliebe zu offenbarer Geschichtsfälschung sich versteigenden Phantasie des Trithemius selbst. Aber der Trug ist im einzelnen noch grösser und die Künste seiner Phantasie waren noch ärmlicher als man anzunehmen pflegt.

Es mussten die 'ältesten Schriftsteller Hirschaus', wie ihre Zeitgenossen, ja wohl auch in Versen sich versucht haben. Aus dieser Erwägung hat Trithemius ein paar poetische Nummern eingelegt. Wolff meint, er habe sie erfunden, und versucht den Beweis, dass er sie absichtlich schlecht erfunden habe, um ihnen den 'edlen Rost des Alterthums' zu verleihen. Aber er hat sie gestohlen, und wir wollen zeigen, wie man ihn betreffen kann.

In dem ersten Teil der Hirschauer Geschichte, eben dem, in welchem Trithemius das literarhistorische Detail zumeist dem Meginfrid zu verdanken vorgiebt, begegnen drei metrische Stücke, zwei davon mit ausdrücklicher Zurückführung auf Meginfrid. Das dritte Stück wird zum Jahr 986[1]) oder 997[2]) angeführt und lautet in den beiden, hier neben einander gestellten Fassungen des Trithemius:

Chronic.	Annal.
Floruit etiam his temporibus Engelbertus monachus coenobii S. Eucharii Treverensis, quod hodie S. Mathiae apostoli vocabulo nun-	*Claruit circa haec tempora Engelbertus Monachus Coenobii S. Matthiae apostoli iuxta urbem Trevirorum: vir tam in divinis*

1) Chronic. ed. Basileae 1559 S. 49 fg.
2) Annal. ed. SGalli 1690 I S. 130.

Chronic.

capatur, patria Mosellanus, vir undecunque exercitatus metro, doctissimus et prosa, qui scripsit inter caetera ingenii praeclari opuscula, vitam et passiones duodecim Apostolorum metrice, de musica et de compositione monochordi quaedam syntagmata composuit, et pleraque alia quae ad manus nostras non venerunt. Hic postea in abbatem monasterii, cuius nomen reperire non potui electus, post annos aliquot in Domino requievit 12. cal. Martii, sicut in eius Epitaphio patet subiecto:

Annal.

scripturis, quam in saeculari Philosophia doctissimus, ingenio promptus, et disertus eloquio, metro simul exercitatus et prosa, qui scripsit inter caetera ingenii sui opuscula, vitam et Passiones duodecim Apostolorum Christi metrice libb. 12. De Musica et Propositionibus librum unum. De compositione Monochordi lib. 1. Et quaedam alia quorum notitiam non habemus. Hic postea cuiusdam Coenobii Abbas ordinatus, cuius nomen non occurrit, Ecclesiam de novo construxit, in qua cum tali Epitaphii subscriptione sepultus fuit:

Hoc recubat busto semper memorabilis abbas
Engelbertus ovans spiritus astra colit:
Mensis Martii obiit bis senis ipse calendis.
Construxit templum, quod retinet tumulum.

Was auch angestrengtes Suchen nicht gefunden hätte, ergab der Zufall. Der Engelbertus des Trithemius ist kein anderer als Angilbert, der Schwiegersohn Karl's des Grossen. Die Verse stehen bei Hariulf im Chron. Centul. III 5 und im Brüsseler Codex der Carmina Centulensia[1]). Sie sind der Anfang des Epitaphs, das Richbodo, Abt von SRiquier, 842 bei der Translation Angilbert's verfasste.

Richbodo selbst wird in eben diesem Epitaph v. 8 erwähnt. Dagegen erscheint bei Trithemius ein Schulmeister gleichen Namens, der 865—889[2]) die Hirschauer Mönche unterrichtete. Ich nehme ohne Weiteres an, dass Trithemius den Namen aus Angilbert's Epitaph gewann. Denn, wie Richbodo dem Angilbert, setzt bei ihm Richbodo dem Ruthardus das Epitaph; und auch dieses Epitaph stand nicht auf einem Hirschauer Stein, sondern in SRiquier. Ich mag die seltsame, lang ausgesponnene Aufzählung der Schriften des Ruthard nicht hersetzen; Trithemius beschliesst sie:

Chronic.

Moritur autem plenus dierum et sanctitate, anno Gerungi abbatis 12. qui fuit Domini 865, indictione 14. sepultus in ecclesia sancti Aurelii, octavo calendas Novembris,

Annal.

Anno Gerungi XIII. obiit Ruthardus secundus huius Coenobii scholasticus, sepultus in Ecclesia sancti Aurelii, vigesimo quinto die mensis Octobris: Vir aeterna memoria

1) Traube, Poet. Carolini III S. 314 c. XLV v. 1—4.
2) Chronic. S. 21, Annal. S. 29.

Chronic.

cui Richbodo monachus hoc epitaphium posuit:

Annal.

dignus: quippe, qui in omni doctrina Monachos plures eruditissimos Auditores reliquit. Cui Richbodo Monachus et per 21. annos in schola monastica huius Coenobii successor tale composuit ad monumentum ex pietate Epitaphium:

Hoc per iter, rogito, qui pergis rite viator,
Paulisper siste gressum, hunc titulumque lege:
Ipsum perspectum (Chron. *Ipsoque perspecto* Annal.) *supplex memorare sepulti.*
Ruthardique pius, dic Miserere deus.

Die beiden Disticha sind nach der Brüsseler Handschrift der Gedichte aus SRiquier von mir in den *Poetae Carolini* III S. 313 c. XLII v. 1—4 abgedruckt worden. Nur fehlt hier die Interpolation *gressum* und statt *Ruthardique* steht *Stainhardique*. Den Accusativus absolutus *Ipsum perspectum*, den Trithemius in den Annalen durch den unmöglichen Ablativ. abs. ersetzte, hat auch die Brüsseler Handschrift.

Anpassungen von Grabschriften sind ja nicht selten, und so möchte dem Stainhard und Ruthard trotz der verzweifelten Aehnlichkeit der Namen das gleiche Vorbild gedient haben und nicht erst Trithemius nach dem Muster eines übrigens nicht weiter bekannten Stainhard sich seinen Ruthard ersonnen haben.

Aber, dass eine Sammlung von Gedichten aus SRiquier die Vorlage des Trithemius war, beweist schliesslich zur Vollkommenheit das noch übrige metrische Stück des Trithemius. Zum Jahr 895 (Chronic.) oder 894 (Annal.) berichtet er:

Chronic.

Fuit etiam inter eos monachus alius nomine Herdericus vir in omni literatura tam seculari quam divina doctissimus qui multa et varia conscripsit maxime in musica, et cantus pulcherrimos in honorem beatae Mariae et diversorum sanctorum, multa etiam diversi generis carmina scripsit, e quibus ego non vidi quicquam praeter hos duos versiculos, quos Meginfridus in Chronica adscripsit, super benedictionem cibi et potus dicendos:

Annal.

Fuit et Herdericus, huius Coenobii Monachus eodem tempore in pretio habitus; vir ingenio clarus et in omni scientiarum genere doctissimus, qui ut Meginfridus est testis, multa et varia conscripsit opuscula: praecipue in Musica et varios in honorem Sanctorum cantus ordinavit: carmina quoque diversa et multa epigrammata conscripsit. E cuius opusculis adhuc nihil me vidisse memini, praeter hos duos versus, quos memoratus scriptor eum dixisse recitat, alterum super cibum, alterum vero super potum loco benedictionis, quorum primus:

Appositis Christi benedicat dextera donis,
Alma dei nostrum benedicat dextera potum.

Metrische Benedictionen sind viele aus dem Mittelalter überliefert; aber diese beiden Verse sind ausgezogen aus den *Benedictiones cibi cum potu* wieder der Sammlung aus SRiquier[1]).

Trithemius also schöpfte die metrischen Stücke nicht aus der Tiefe seines phantastischen Gemüts, sondern aus einer Handschrift, welche ganz ähnlich war der auf uns gekommenen Brüsseler, welche aber vielleicht nur die Gedichte aus SRiquier enthielt, die ich in meiner Ausgabe als *Miconis carminum series, pars prior* bezeichnet habe.

Aus derselben Handschrift hat er seine Kenntnis über die Person des Dichters Micon aus SRiquier[2]), fügt ihr aber, gleichsam als könne er nicht bei der Wahrheit bleiben, eigne und diesmal freie Erfindungen hinzu.

Das damit aufgedeckte Verfahren des Trithemius wird sich gewiss nicht auf die eingelegten Verse beschränken; sondern auch sonst werden wir damit zu rechnen haben, dass Trithemius nicht frei erfindend, sondern Vorhandenes adaptierend gefälscht hat.

Anmerkungen zu Meginfridus Trithemii.

1. Trithemius. Ruthard. Paulus Diaconus.

Zu S. 313.

Die Abhandlung von Wolff Württembergische Jahrbücher für Statistik und Landeskunde. Jahrgang 1863 S. 229 flg. Immerhin werden die Folgerungen dieser Verdammung und Verbannung noch nicht überall gezogen. So hat Wattenbach immer wieder darüber zu klagen. Dass freilich die 'Lessing-Philologie' die Sache nicht weiter verfolgt hat, gibt nichts zu verwundern; dass aber ein so genauer Forscher wie B. Hauréau Journal des Savants 1885 S. 425 bei Entscheidung über die Autorschaft des ältesten Commentars zur Benedictiner-Regel den von Trithemius erfundenen Ruthard (vgl. oben S. 311) überhaupt noch in Erwägung zieht, ist erstaunlich. Der Commentar, beiläufig, ist, wie sprachliche Gründe sicher stellen, Eigentum des Paulus Diaconus. Näheres wird eine von mir veranlasste Abhandlung über Paulus und Festus erbringen. — Ueber das Verhältnis von Annales Hirsaug. zum Chron. Helmsdörfer Forschungen zur Geschichte des Abtes Wilhelm von Hirschau Göttingen 1874 S. 31.

2. Zur Methode des Trithemius.

Zu S. 316.

Die einzelnen Titel, die Trithemius in den Verzeichnissen der Schriften seiner Viri illustres anzuführen pflegt, beruhen wol selten auf Adaptierung eines bestimmten Originals. Im Allgemeinen befolgt er hierbei ein gewisses Schema und z. B. der *liber epistolarum ad diversos* I ist ihm typisch. Nicht selten findet man, dass er die Titel wirklich vorhandener Schriften aus älteren Verzeichnissen übernimmt, aber das Incipit fälscht.

1) Bei mir S. 317 c. LVI.

2) Vgl. mich a. a. O. S. 272.

IV.

Hermafroditus.

Cum mea me mater gravida gestaret in alvo,
Quid pareret fertur consuluisse deos.
Phoebus ait 'puer est', Mars 'femina', Iuno 'neutrum':
Iam, qui sum natus, Hermaphroditus eram.
Quaerenti letum dea sic ait 'occidet armis',
Mars 'cruce', Phoebus 'aqua': sors rata quaeque fuit.
Arbor obumbrat aquas: conscendo, labitur ensis,
Quem tuleram, casu labor et ipse super.
Pes haesit ramis, caput incidit amne, talique
Vir mulier neutrum flumina tela crucem.
[*Nescio quem sexum mihi sors extrema reliquit:*
Felix, si sciero, cur utriusque fui.]

'Die Erfindung dieses kleinen Gedichts ist so künstlich, der Ausdruck so pünktlich und doch so elegant, dass noch jetzt sehr gelehrte Kritiker sich nicht wohl überreden können, dass es die Arbeit eines neuen Dichters sei. Denn ob de la Monnoye schon erwiesen zu haben glaubte, dass der Pulex, welchem es in den Handschriften zugeschrieben wird, kein Alter ist, wofür ihn Politian und Scaliger und so viele Andere gehalten haben, sondern dass ein Vincentiner aus dem funfzehnten Jahrhunderte damit gemeinet sei, so möchte Herr Burmann der Jüngere doch lieber vermuthen, dass dieser Pulci, wie er eigentlich geheissen, ein so bewundertes Werk wohl aus einer alten Handschrift abgeschrieben und sich zugeeignet haben könne, da man ihn ohnedem als einen besondern Dichter weiter nicht kenne. Ich habe hierwieder nichts, nur für ein Muster eines vollkommnen Epigramms möchte ich mir das Ding nicht einreden lassen, es mag nun alt oder neu sein.' (Lessing, Hempel X 106.)

Seitdem man nach Handschriften dieses Gedichts gesucht und eine Reihe seit dem 12. Jahrhundert gefunden hat, ist klar, dass es in der Renaissance nicht kann entstanden sein. Ist es aber deswegen alt? In den Handschriften zeigt es sich ohne Ausnahme verbunden mit den Gedichten Hildebert's von Lavardin und seiner Zeitgenossen und Nachfolger. Handschriften aus der Zeit vor dem 12. Jahrhundert sind nicht aufgetaucht: und schon dies muss stutzig machen, wem bekannt ist, mit wie spielender Leichtigkeit Hildebert und seine Nachfolger das elegische Distichon zu behandeln wussten. Wenigstens konnte einer von denen der Verfasser sein, unter deren Gedichten das Werk überliefert ist, und umgekehrt wäre es nothwendig gewesen, sich nach Beweisen für ein höheres Alter eigens umzusehen.

Hier finde ich aber ausser allgemeinen Bemerkungen nur von Th. Birt[1]) auf die zweisilbige Behandlung des *eu* in Vers 3 hingewiesen. Diese ist jedoch auch dem Mittelalter keineswegs fremd, und ganz entsprechend sagt Wilhelm von Blois in der elegischen Komödie Alda[2]):

Nescio quis mulier vel quae vir quodve neutrum
Fit mihi, seu genera nescio sive genus.

In dieser Stelle aber liegt zugleich mehr als ein Beleg für dreisilbiges *neutrum* vor; denn offenbar ist sie ein förmliches Citat aus dem Hermafroditus. Und wieder führt dies in den Kreis der Beherrscher der Elegie, der Nachahmer des Ovid in der zweiten Hälfte des 12. Jahrhunderts.

Aus demselben Kreis ging auch eine vollständige Nachahmung des Epigramms hervor, die 11 Distichen des Petrus Riga, welche beginnen:

Uxor Thyrsiae dum pleno ventre tumeret,
Numina consuluit quid velit esse tumor.
Phoebus ait: 'vir erit', Venus inquit: 'femina fiet'.
Inquit Neptunus: 'immo puella puer'.

Sie wurden 1708 zuerst von Beaugendre, und zwar als Gedicht Hildebert's von Lavardin in dessen Werken S. 1368 abgedruckt[3]). Der Nachweis, dass sie aus dem Floridus aspectus des Petrus Riga sind, eines Nachfolgers des Hildebert, wird B. Hauréau verdankt, der ausführlich darüber in seinem vortrefflichen Buch Les Mélanges poétiques d'Hildebert de Lavardin Paris 1882 S. 138 u. ö. handelt, und ebendort mit Recht vermutet hat, dass dieses längere Epigramm über die Schicksale des Zwitters eine auflösende Nachahmung des kürzeren sei, nicht das kürzere aus dem längeren zusammengezogen.

Andere mittelalterliche Verse, etwa derselben Zeit, welche die Lektüre des Hermafroditus veranlasst hat, gab R. Ellis aus einer Handschrift heraus, in der sie unmittelbar hinter ihrem Vorbild abgeschrieben sind: *Natura faciente virum gravis incidit error*[4]).

1) Rhein. Mus. XXXIV S. 6.
2) Du Méril Poésies inédites Paris 1854 S. 142.
3) Im Neudruck von Bourassé-Migne S. 1415 fg.
4) Anecdota Oxoniensia, Classical Series Vol. I, part. 5 (1885) S. 22.

In etwas späterer Zeit — im Anfang des 13. Jahrhunderts — legte der Dichter, welcher des Gottfried von Monmouth Prophetia Merlini in Verse brachte, in die Erzählung der Wunderthaten Merlin's eine Umbildung des kürzeren Hermafroditus ein.

Trotz allem würde der Behauptung, auch das kürzere Epigramm sei mittelalterlichen Ursprungs, volle Kraft nicht innewohnen, wenn nicht ein Dichter des Kreises und der Zeit, in denen wir bis jetzt einigen Anhalt zur Bestimmung des Gedichtes fanden, ausdrücklich für sich eine Dichtung: Hermafroditus in Anspruch genommen hätte. Dies ist Matthaeus von Vendôme, der wenig jünger als Hildebert, wie dieser sich durch den Fluss seiner Distichen und vielfach durch elegant witzige Diktion auszeichnet, so dass auch, vielleicht noch bei seinen Lebzeiten, Gedichte von ihm in den Sammlungen Hildebert'scher Gedichte Aufnahme fanden. In der Einleitung zu seinem Poetischen Briefsteller, den Wattenbach[1]) herausgegeben hat, sagt Matthaeus bei der Aufzählung seiner Werke v. 15 flg.:

Venas quippe meas non hausit Milo nec Afra

. . . .

Non Iovis incesti mugitus nec sata Cadmi
Ferrea, nec hic et haec Hermafroditus homo.

Der Hermafroditus, wie einiges Andere hier von Matthaeus aufgezählte, wurde bisher unter den von ihm erhaltenen Stücken vermisst. Ich denke, es darf als erwiesen gelten, dass der in handschriftlicher Ueberlieferung erst seit dem 12. Jahrhundert verbreitete, von Wilhelm von Blois und Petrus Riga geschätzte, auch sonst in dieser Zeit nachgeahmte, seit Burmann in die Lateinische Anthologie aufgenommene Hermaphroditus das vermisste Werk des Matthaeus von Vendôme ist.

Hauréau freilich, obgleich er das Zeugnis aus dem Poetischen Briefsteller kennt und als Erster den längeren Hermafroditus dem Petrus Riga zugewiesen hat, thut den entscheidenden Schritt nicht, sondern lässt für das kürzere Epigramm eine Wahl zwischen Matthaeus und Hildebert offen, und zieht den Matthaeus nicht einmal, gestützt auf dessen Verse im Poetischen Briefsteller, in Betracht, sondern nur, weil das Gedicht einer der Begabteren der Zeit müsse verfasst haben. Es ist aber kein Zweifel: gehört der längere Hermafroditus dem Petrus Riga, so gehört der kürzere dem Matthaeus von Vendôme.

---

1) Sitzungsberichte 1872 Phil.-hist. Cl. S. 561 flg.

Anmerkungen zu Hermafroditus.

1. Handschriften und Text.

Zu S. 317.

Ueber die Handschriften vgl. den Apparat von Riese zur Anthol. lat. c. 786 und Baehrens Poet. lat. min. IV S. 111; Hauréau Les Mélanges poétiques d'Hildebert S. 146. Aus den Handschriften ist der Hermafroditus als veritable Grabschrift in einige Inschriftensammlungen der Renaissance übergegangen, vgl. CIL. VI 5, 2* 1. — Der Text (oben S. 317) ist nach Riese gegeben; einen kritischen Anforderungen genügenden herzustellen, ist vorderhand unmöglich, für die Untersuchung aber auch nicht erforderlich. Die Textkritik kommt in der Untersuchung Hauréau's, auf die wir allein angewiesen sind, wie vielfach bei diesem ausgezeichneten Kenner mittelalterlicher Verskunst und Kirchengeschichte zu kurz. Erkannt ist von Birt (oben S. 318), dass v. 3 *Iuno neutrum* das Richtige, *Iunoque neutrum* Interpolation ist. Ebenso ist v. 10 *Femina vir* in einigen Handschriften für *Vir mulier* aus Petrus Riga interpoliert, wie gleichfalls die von Wattenbach Neues Archiv II 401 nachgewiesene Handschrift aus Rein in Steiermark durch den Text des Petrus Riga beeinflusst scheint. Auch sind die beiden letzten Verse spätere Zudichtung, die nur in einer Handschrift steht. Vers 1 haben zwei Handschriften *Dum*, wie öfters mittelalterliche Ueberlieferung für klassisches *Cum*: hier wird *dum* aber noch dadurch gestützt, dass Matthäus v. Vendôme Verse Hincmar's von Rheims nachgeahmt haben kann, die dieser ungefähr 870 an seinen gleichnamigen Neffen richtete (bei Sirmond Hincmari Opera II 646 v. 27):

Viscera qui matris, dum te gestaret in alvo,
Rumpere non quisti, nunc laniare cupis.

Matthäus schrieb natürlich auch *Hermafroditus*, *Phebus* u. s. w.

2. Die Gedichte Römischer Kaiser in Baehrens Anthologia latina.

Zu S. 317.

Einer der sonderbarsten Abschnitte in der von Emil Baehrens rekonstruierten Anthologia latina (Poetae minores vol. IV Leipzig 1882) ist der, welcher die Gedichte Römischer Kaiser zusammenfasst, carmen 122—127 (Seite 111 fg.). Eine Entschuldigung für ihn wie für alle, die sich mit der Ueberlieferungsgeschichte der einzeln und vielerorts versprengt erhaltenen Gedichtchen aus Römischer Zeit befassten, wird bleiben, dass sie vor G. B. de Rossi's Untersuchungen über Inschriftensammlungen frühmittelalterlichen Ursprungs arbeiteten; denn durch de Rossi's Untersuchungen muss als erwiesen gelten, dass auf diesem Gebiet neben handschriftlicher in letzter Linie auch monumentale Ueberlieferung in Betracht kommt. — Baehrens 125 (vgl. de Rossi I. Chr. urbis Romae II 1 S. 260) und 126 (vgl. CIL. XII 1122) gehen auf monumentale Ueberlieferung zurück; 127 der Hermafroditus ist mittelalterlich. Unaufgeklärt muss bleiben, wohin die Ueberlieferung von 122 123 124 führt. Die beiden letzten, im Mittelalter so beliebten, tragen den Namen Hadrian's jedenfalls mit Unrecht. In der Brüsseler Handschrift von 123 fand ich tironische Noten, die aber, nach W. Schmitz' gütiger Auflösung, nicht fördern.

3. *Eu* zweisilbig.

Zu S. 318.

Traube Karoling. Dichtungen S. 112 fg. Für die Carmina Burana merkten zweisilbiges *ĕu* schon früher Peiper Gaudeamus S. 110 und Meyer Antichrist S. 118 an. Vergl. ferner Hug von Trimberg Laurea Sanctorum Anz. für Kunde d. D. Vorzeit N. F. XVII (1870) Seite 302 v. 28, wo Grotefend für '*seu*' '*sive*' schreibt, und Jaffé Cambridger Lieder XXIX 4, 3. Zum Gebrauch in der hexametrischen Dichtung kann ich noch Agius Poet. Carol. III 2 S. 381 v. 385 *dictum seu factum* fügen. Ja ebenda S. 384 v. 507 ist sogar *hēu* gewagt.

4. Wilhelm von Blois.

Zu S. 318.

Vgl. Müllenbach Comoediae elegiacae I S. 12 ffg. und Cloetta Beiträge zur Litteraturgeschichte des Mittelalters und der Renaissance I S. 76 ffg.

5. Petrus Riga.

Zu S. 318.

Auch anderwärts sehen wir Petrus Riga vorhandene Stücke in breiter Ausmalung erweitern. Das Gedicht bei Beaugendre Hildeberti Opera S. 1368 *De morte hominis ferae et anguis*, von dem Hauréau in den Mélanges poët. d'Hildebert S. 149 nachgewiesen, dass es Petrus Riga gehört, ist nichts als eine Umarbeitung der Verse in der Anthol. lat. *De venatore qui cum aprum exceptat serpentem calcarit imprudens* (z. B. bei Baehrens Poet. lat. min. IV S. 158).

6. Bearbeitung der Vita Merlini des Gottfried von Monmouth.

Zu S. 319.

Die Bearbeitung ist gedruckt als Vita Merlini (unsere Verse v. 310 ffg.) bei San-Marte Die Sagen von Merlin Halle 1853 S. 282. Aus dieser Vita ging die Einlage über in Robert de Boron's Merlin, der in diesem Teil nur durch die Prosaauflösung erhalten ist, herausgegeben von G. Paris et J. Ulrich Merlin etc. Paris 1886 I S. 80 fg. — Der Verfasser der Vita Merlini ist nicht Gottfried selbst, wie G. Paris a. a. O. Seite XV fg. meint, sondern ein Späterer, wie San-Marte nachgewiesen. Zusammenhang des Hermafroditus mit der Vita Merlini hat schon vor G. Paris a. a. O. Cholevius Geschichte d. deutschen Poesie n. ihren antiken Elementen Leipzig 1854 I 161 angedeutet.

7. Hauréau's Gründe.

Zu S. 319.

In der ersten Ausgabe seiner Untersuchungen (Notices et Extraits XXVIII 2) lässt Hauréau, da er den Floridus aspectus des Petrus Riga damals noch nicht entdeckt hatte, Matthaeus von Vendôme den Verfasser des längeren, Hildebert den des kürzeren Hermafroditus sein. — Auch mit Hauréau's weiteren Ausführungen bedaure ich, nicht übereinstimmen zu können. Als mittelalterlich sucht er den kürzeren Hermafroditus unter anderen durch folgende stilistische Betrachtung zu erweisen. Les mélanges etc. S. 115: 'Nous ne reconnaissons pas . . . au style de ces vers la façon, l'air indéfinissable de la poésie antique. A cette observation générale s'en joignent de particulières. Ainsi nous remarquons la licence du quatrième vers. Les anciens ont sans doute usé de cette licence, mais avec discrétion; le cas est rare et même très rare. Les poëtes du moyen âge en usent, au contraire, à toute occasion, sans aucun scrupule. De plus, la construction 'tulique Vir, mulier, neutrum, flumina, tela, crucem' est tout à fait dans le goût du XIIe siècle; ce laborieux arrangement de mots est même, pour ainsi parler, le cachet de presque toutes les épigrammes composées en ce temps-là'. Im Gegenteil, gerade der Umstand, dass der Stil so wenig Mittelalterliches an sich hat, hat den Beweis, dass das Gedicht mittelalterlich ist, so lange verzögert. Dass v. 4 *h* als Consonant steht, hat garnichts Auffälliges und wäre die Wortstellung in dem von Hauréau angeführten Vers die dem 12. Jahrhundert geläufige, so wäre zu konstruieren *vir tuli flumina, mulier tela, neutrum crucem*, wovon hier nicht die Rede ist. Aber läge selbst eine derartige Konstruktion hier vor, so würde das allzuviel noch nicht besagen, vgl. F. Haase Miscellan. philologic. IV (Breslau 1863) S. 24 fg.

V.

Angilbert Abt von Corbie und Angilbert Abt von SRiquier.

I.

Hic Augustini Aurelii pia dogmata fulgent,
Quae de doctrina aedidit almifica.
Haec tibi multa docent, lector, quod quaeris honeste,
Si replicare cupis scripta sacrata libri.
Huius enim corpus, parvum quod cernitur esse,
Continet insertos quattuor ecce libros.
Primus enim narrat Christi praecepta tenere,
Quae servare deus iussit in orbe pius:
Rebus uti saecli insinuans praesentibus apte
Aeternisque frui rite docet nimium.
Edocet ex signis variis rebusque secundus,
Qualiter aut quomodo noscere signa queant.
Tertius ex hisdem signis verbisque nitescit:
Quid sint, quid valeant quaeque vitanda, canit.
Tunc promit quartus librorum dicta priorum:
Quid res, quid signa, quid pia verba docent,
Qualiter et possint cuncta intellecta referre,
Magno sermone intonat ipse liber.
Summisse, pariter moderate, granditer atque,
Lector, perlecta dic: 'Miserere deus'.
Hunc abbas humilis iussit fabricare libellum,
Angilbertus enim vilis et exiguus,
Quem daret ille pio caelesti numine fulto
Hlodoico regi, qui est pius atque humilis.
Qui sanctae sophiae certat rimare secreta
Nobilis ingenio nocte dieque simul,
Quique etiam domini ac fratris praeclarus amator
Ingenti dictu permanet ore pio.
Quem deus omnipotens multos feliciter annos
Glorificet servet diligat ornet amet.

II.

Haec perlecta pii, lector, doctrina patroni,
In primis domino, totum qui condidit orbem,
Devote laudes iugiter perfunde benignus,
Qui mare fundavit, caelum terramque creavit,
Omnia qui numero, mensura ac pondere clausit,
Per quem cuncta manent vel per quem cuncta manebunt,
Quae sunt, quae fuerant, fuerint vel quaeque futura.
Ipso iterum magnas domino perfundito grates
Pro tali ac tanto, casto doctoque magistro,
Ordine sub digno scripsit qui talia nobis.
Chloduici regis precibus memorare benignis,
Nomine qui est dignus, divino ac munere fretus,
Laudibus almificis, ingenti et mole coruscans.
Cui deus omnipotens multos feliciter annos
Hic pie concedat felicia regna tenere;
Cum quo coniugium, prolem cunctosque fideles
Dignetur regere caelorum rector ab axe.
Et post hunc cursum caelestia scandere regna
His tribuat dominus, cunctorum conditor almus.
His ita perlectis curratis undique membris,
Lector, dignanter haec verba micantia prome:
'Gloria sit patri, solio qui fulget in alto,
Filius aeternus cum quo est et spiritus almus,
Nomine qui trino regnans super omnia solus'.

Diese Gedichte, welche hier nach neuer Vergleichung des Originals durch Herrn A. Molinier erscheinen, eröffnen und beschliessen die Schrift des Augustinus De doctrina Christiana in der jetzt Pariser Handschrift 13359. Die Handschrift stammt aus Corbie, wo sie 203 war, und kam mit vielen anderen 1638 nach SGermain, wo sie 1322 wurde. Hier fand sie Mabillon, und gab die Gedichte mit Auslassung der sechs letzten Verse 1676 in den Vetera Analecta S. 657[1]) heraus als: *Angilberti abbatis Corbeiensis versus ad Ludoricum regem Francorum Carolomani fratrem, in librum S. Augustini De doctrina Christiana eidem regi dono missum.* Dem Abdruck fügte er hinzu: *Horum versuum priores exstant initio, posteriores in fine librorum S. Augustini De doctrina Christiana in codice Corbeiensi, quem Angilbertus seu Engilbertus eiusdem loci abbas in gratiam Ludorici Francorum regis describi curavit anno DCCCLXXX aut insequenti.*

1) In der zweiten Ausgabe S. 426.

War das, was Mabillon mit diesen Worten ohne weitere Begründung hinstellte und woran in der Folge nie ist gezweifelt worden, richtig erschlossen, so mussten, wie Dümmler es auch in seiner Zusammenstellung über die karolingischen Dichter im vierten Band des Neuen Archivs vorgesehen hatte, diese Gedichte in der Fortsetzung der Poetae Carolini Aufnahme finden. Als Herausgeber hatte ich mich schlüssig zu machen, und lege im Folgenden vor, wie ich dazu kam, von Mabillon's Urteil, dem ich mich immer gern beuge, hier abzuweichen.

1. Dass das Urteil über das Alter des Schriftcharakters bei Mabillon's Entscheidung wesentlich mitgewirkt habe, ist hier wie in allen ähnlichen Fällen ausgeschlossen, wo vielmehr ein innerer chronologischer Anhalt bestimmend sein musste für die palaeographische Beurteilung. Freilich schien dieser chronologische Anhalt hier so sicher, dass die Handschrift seit Mabillon unter die gerechnet werden konnte, denen von Schreiberhand das Jahr der Niederschrift ausdrücklich angemerkt ist.

Den inneren chronologischen Anhalt ergab für Mabillon eine Kombination aus dem Inhalt der Verse mit der Provenienz der Handschrift.

Nach den Versen wird die Augustinhandschrift von einem Abt Angilbert (Vers I 22) einem König Ludwig (ebenda 21; II 11) gewidmet; ausdrücklich hervorgehoben wird von ihnen ferner der Bruder und Freund des Königs (I 27).

Da die Handschrift aus Corbie war, lag es nahe, Abt Angilbert unter den Aebten Corbie's zu suchen. Mabillon kannte ein altes glaubwürdiges, auch auf uns gekommenes, Verzeichnis der Corbieer Aebte[1]), und fand in der That in ihm einen Angilbert nach Odo und vor Trasulf eingereiht. Betrachtete er diese Reihenfolge ohne Rücksicht auf das Gedicht, so war, nach festen Anhaltspunkten für Odo und Trasulf, Angilbert Abt um 860, etwa ein Jahr nur.

Ein karolingischer König Ludwig, neben dem die Hervorhebung des Bruders einen besonderen Sinn hätte, schien Mabillon nur Ludwig III. sein zu können, der gemeinschaftlich mit seinem Bruder Karlmann König von Westfrancien war. Ludwig III. regierte von 879 bis 882.

Man sieht: nach der Ueberlieferung sind Abt Angilbert von Corbie und König Ludwig III. nicht Zeitgenossen. So gewiss aber schien Mabillon, dass hier nur sie beide gemeint seien, durch die Verse bestätigt zu werden, dass er sich entschloss, was er für Ludwig nicht konnte, für Angilbert zu Gunsten des von ihm vermuteten Zusammenhangs die Ueberlieferung auf Grund der Verse umzustossen.

Nach Mabillon wäre Angilbert, auf Odo folgend, ein Jahr Abt gewesen, ihm die Abtei durch Willkür Karl's des Kahlen entzogen worden und er hätte sie wiedererlangt, als Ludwig III. König wurde. Mabillon lässt also die Reihe des Verzeichnisses:

Odo Angelbertus Trasulfus Hildebertus Guntharius

und interkaliert nach Guntharius:

Angelbertus iterum abbas.

1) Guérard polyptyque de l'abbé Irminon Paris 1844 II S. 339

Der Ansatz einer zweiten Abtschaft Angilbert's hatte seine Begründung nur in dem aus den Versen vermuteten Synchronismus. Das Verzeichnis der Aebte ist aber, soweit wir noch in der Lage sind, es zu beurteilen, fehlerlos, lässt auf keine Lücke nach Guntharius schliessen; und da es nach Todestagen angelegt ist, würde man eher erwarten, dass Angilbert's erste Abtschaft fehle, die zweite angegeben sei.

Dass also der gesuchte Angilbert der uns bekannte Abt von Corbie ist, hat seine Bedenken; seine Bedenken hat aber auch, dass der gesuchte König Ludwig der dritte Ludwig von Westfrancien ist. Zwar, dass der *dominus ac frater* (Vers I 27) seine bequeme Deutung auf Karlmann finden konnte, ist nicht zu leugnen; aber Ludwig III. war, was so gut wie sicher ist, unverheiratet und, was über allem Zweifel ist, ohne Nachkommenschaft; und der Ludwig, dem der Augustin gewidmet ist, hatte nach den Versen (II 16) Weib und Kind.

Die Gewaltsamkeit, mit der von Mabillon hier eine gute Ueberlieferung zu Gunsten einer scheinbaren aber unsicheren Vermutung angetastet wurde, führt also schliesslich zu nichts als einer Unmöglichkeit.

So nahe Mabillon's Vermutung lag: der Abt Angilbert der Corbieer Handschrift sei der Abt Angilbert von Corbie, und so allgemein sie angenommen wurde, — sie ist falsch. Und damit wäre neuen Vermutungen das Thor geöffnet, die, obgleich die Zahl der aus karolingischer Zeit bekannten Angilberte beschränkt ist, bei der Unvollständigkeit damaliger Klostergeschichte ins Ungewisse führen müssten.

2. Hier kommt eine andere Handschrift derselben Zeit zu Hilfe, die gleichfalls sowohl Corbie gehörte als Verse eines Abtes Angilbert enthält. Es ist die früher Corbieer, jetzt Petersburger Handschrift F. XIV, 1. Hatte man ihren hervorragenden Wert für die Ueberlieferung verschiedener lateinischer Schriftsteller, vor allem des Fortunatus, schon früher gewürdigt, so hob G. B. Rossi ihre ganz besondere Bedeutung für die Ueberlieferungsgeschichte der Sammlungen christlicher Inschriften hervor[1]). Das Gedicht Angilbert's nahm er früher[2]), wie es auch hier zunächst liegend war, für Angilbert von Corbie in Anspruch. Dümmler[3]) aber erkannte in ihm eine auch anderwärts überlieferte, und nach dieser unantastbaren Ueberlieferung von Angilbert von SRiquier, dem Schwiegersohne Karl's des Grossen, auf einen Heiligen seines Klosters in SRiquier verfasste Grabschrift: und de Rossi verweist jetzt den Ursprung der ganzen Handschrift nach SRiquier, lässt jedoch unentschieden, ob die Handschrift selbst aus SRiquier nach Corbie kam oder ob sie die Corbieer Abschrift eines Originals aus SRiquier ist.

Die besondere Bedeutung der Petersburger Handschrift mag rechtfertigen, dass wir ihrer Geschichte hier weiter nachgehen, als es die vorliegende Untersuchung verlangt, die mit dem Hinweis auf den auch für die Augustinhandschrift in Betracht zu ziehenden Angilbert von SRiquier sich könnte befriedigt erklären.

1) Zuletzt und am ausführlichsten in Inscriptiones Christianae urb. Romae II 1 S. 72 flg.
2) Fortunatus ed. Leo S. XXVII.
3) Poetae Carol. I 357 und 365.

Wir besitzen das im Jahr 831 bei Gelegenheit einer Gütertheilung verfasste Inventar der Bücher des Klosters von SRiquier[1]). Unter anderen führt es auf: *Versus Probae et medietas Fortunati I vol.*[2]) Der Ausdruck ist seltsam, und da über den Umfang des Inhalts, ob etwa ein Schriftsteller in einer Handschrift ganz oder nur ein Theil seiner Werke abgeschrieben sei, derartige Cataloge keinen Aufschluss zu geben pflegen oder wenigstens nicht in der hier gewählten Form, so ist vorauszusetzen, dass das Inventar hier nicht verzeichnen wollte, dass die Handschrift neben der Proba nur einen Theil der Gedichte des Fortunat enthielt, sondern dass die andere zur Handschrift gehörige Hälfte beim Inventarisieren nicht zur Stelle war. Bestätigt wird diese Vermutung dadurch, dass anderwärts zwei Gedichte aus der ersten Hälfte des 9. Jahrhunderts erhalten sind, in denen ein Mönch aus SRiquier klagt, dass der Fortunat seines Klosters verschwunden sei. Diese Gedichte sind wahrscheinlich wie andere im selben Zusammenhang überlieferte, an einen Klosterbruder nach Corbie gerichtet. Also *Versus Probae* zusammen mit der *medietas* einer Fortunathandschrift war in SRiquier geblieben, die *altera medietas Fortunati* fehlte bereits im Jahre 831. Nun ist die Petersburger Handschrift ein Fortunatcodex, zu dem, wie ein alter Index des 9. Jahrhunderts auf dem ersten Blatt verzeichnet hat, *Versus Probae* gehörten. Diese Verse aber fehlen jetzt und müssen mindestens schon im 12. Jahrhundert gefehlt haben, da ein metrischer Index aus dieser Zeit auf dem letzten Blatt der Handschrift die Verse der Proba zwar als den letzten Teil des Inhalts anführt, aber seine Stelle nur dort gefunden haben kann, wenn das jetzt letzte Blatt schon seiner Zeit das letzte der Handschrift war; er hat also die Erwähnung der Proba nur aus dem alten Index des ersten Blattes übernommen. So haben wir 1) in SRiquier *Versus Probae* und die eine Hälfte einer Fortunathandschrift, während der Verlust der anderen Hälfte beklagt wird (und zwar ist vielleicht diese Klage an Mönche aus Corbie gerichtet) und 2) in Corbie die Hälfte einer Fortunathandschrift ohne die Verse der Proba (und zwar steht sicher, wie ihr Gedicht des Angilbert erweist, diese Handschrift in irgend einem Verhältnis zu SRiquier). Es ist, denke ich, wahrscheinlich, dass 1) und 2) vor dem Jahr 831 zusammengehörten und gemeinsam eine durch Angilbert von SRiquier veranlasste Handschrift bildeten. In SRiquier wurde sie nach ihrem scheinbar wichtigsten Inhalt einfach als Fortunatus bezeichnet und die Verse der Proba, die allein in SRiquier verblieben, konnten und mussten eigentlich, um den ursprünglich zugehörigen, damals verlorenen Theil zu reklamieren, als *Versus Probae et medietas Fortunati* inventarisiert werden. Der Hauptbestandtheil dieser Handschrift aus SRiquier war aber schon 831 in Corbie.

Doch fehlt es auch an anderen Beziehungen beider Klöster in damaliger Zeit nicht, obgleich, bevor die Gedichte aus SRiquier aus ihrer jetzt Brüsseler Handschrift herausgegeben sind, allgemeiner nur bekannt sein dürfte, dass Radbertus Paschasius Abt

1) Becker Catalogi Bibliothecar. antiqui 11 S. 24 ff.
2) 11, 182 Seite 28.

von Corbie in nahem Verkehr mit den Mönchen von SRiquier stand. Er vergleicht in seiner Biographie Adalhard's von Corbie diesen mit dem heiligen Richarius (SRiquier); er widmet verschiedene seiner Schriften den Mönchen des Klosters von SRiquier; er hat schliesslich, als er nicht mehr Abt war, sich nach SRiquier zurückgezogen.

3. Kann, wie wir sahen, der Angilbert der beiden Corbieer Handschriften nicht Angilbert von Corbie sein, und war, was erwiesen ist, der Angilbert des Corbieer Fortunat vielmehr Angilbert von SRiquier, und fehlt es ferner nicht an Beziehungen zwischen den Klöstern von Corbie und SRiquier, so drängt sich die Frage auf, ob nicht der Angilbert des Corbieer Augustin, wie der Angilbert des Corbieer Fortunat, Angilbert von SRiquier ist.

Angilbert von Corbie ist als Schriftsteller durch nichts bekannt: Mabillon brauchte ihn, als er ihm die Verse der Augustinhandschrift aus scheinbar zwingenden Gründen zuwies, als ihren Verfasser nur einfach hinzustellen. Angilbert von SRiquier ist seinem litterarischen Schaffen nach bekannt genug: es muss von uns also nicht nur untersucht werden, ob keine äussere Unwahrscheinlichkeit gegen ihn als Verfasser der Verse spricht, sondern auch, ob eine innere Wahrscheinlichkeit ihn als solchen bezeichnet.

1. Angilbert von Corbie ist viel jünger als Angilbert von SRiquier, wenn auch nicht soviel, als er es nach Mabillon's falscher Kombination ist. Es könnte also von vornherein die Palaeographie gegen unsere Annahme sein. Es veranlasst dies, den Schriftcharakter der Handschrift (vgl. oben S. 324) noch einmal zu betrachten. Die palaeographische Forschung ist aber im Allgemeinen auch heute noch nicht so weit, dass ihr in der karolingischen Zeit genauere Zeit- und Ortsbestimmungen gelängen, falls ihr nicht Beweise von aussen zu Hilfe kommen. Wir haben also zwar jetzt an Stelle des unbrauchbaren Facsimile unserer Handschrift bei Mabillon De re diplomatica Seite 365 ein getreues, wenn auch nicht mechanisch hergestelltes Abbild in Delisle's Le cabinet des manuscrits planche XXIX 2, aber in der Zeitbestimmung ist auch Delisle[1] bei Mabillon's Ansatz stehen geblieben, nicht weil dieser palaeographisch so sicher war, sondern weil der von anderer Seite sich ergebende chronologische Anhalt unverrückbar schien. Daher würde von vornherein jede andere Ansetzung des Angilbert, sobald sie wahrscheinlicher ist als die Mabillon's, auch das Urteil über das Alter des Schriftcharakters verschieben. Aber auch davon können wir zunächst absehen: denn falls die Handschrift erheblich älter nicht sein könnte, könnte sie doch die Abschrift einer erheblich älteren sein, aus welcher der Schreiber die ursprüngliche Widmung ohne Bedenken mitübernahm.

1) Recherches sur l'ancienne bibliothèque de Corbie Paris 1860 Seite 14 = Le cabinet II 114 u. 5.

5. **War Angilbert von SRiquier** Verfasser des Gedichtes, so ist der König Ludwig, dem es gewidmet ist, **Ludwig der Fromme.** Abt (Vers I 21) war Angilbert 790—814, in welchem Jahre er stirbt und Ludwig Kaiser wird. Nachkommenschaft (Vers II 16) hatte Ludwig seit 795. Zwischen 795—814 müssten also die Verse gedichtet sein. Unsicher muss bleiben, wer der *dominus ac frater* (I 27) ist. War es Pippin, zu dem Angilbert unter den Söhnen Karl's des Grossen im nächsten Verhältnis stand und von dem er gar leicht den Auftrag erhalten haben konnte, dem königlichen Bruder Ludwig den Augustin zu widmen, so ist die äusserste Grenze der Entstehungszeit 810, in welchem Jahre Pippin stirbt.

6. Bis hierher spricht nichts gegen unsere Annahme, aber auch nur *so* viel für dieselbe, dass sie die Zeitverhältnisse der beiden zu bestimmen gesuchten Männer, Angilbert und Ludwig, ohne Zwang sich zusammenfinden lässt. Nun aber beim Vergleich der Verse der C(orbieer Handschrift) mit den bekannten Gedichten des A(ngilbert von SRiquier) wächst die Möglichkeit Schritt für Schritt zur Wahrscheinlichkeit an.

Der Name Ludwig's erscheint in C als *Hlodoico regi* (Vers I 24) und *Chloduici regis* (II 11), in einer altertümlichen Form, die für etwa Ludwig III. Zeit gewiss nicht mehr passend ist. Bei A hat sie die Ueberlieferung, die derartiges eher zu verwischen als fälschlich einzuführen pflegt, an drei Stellen enthalten: als *Chlodowih* (Poet. Carol. I S. 359 v. 19) und *Chluduih* (ebd. v. 49 und S. 360 v. 66)

Syntaktisch fällt in C der Gebrauch des losgelösten Nominativ (Nom. absol.) auf, der bei den guten Dichtern dieser Zeit zur Seltenheit gehört. Aber auch A sagt (a. a. O. v. 34) *te amplector . . . passus*, wobei *passus* sich auf *te* bezieht. Und C (I 20): *Lector, perlecta dic* und (II 1):

Haec perlecta pii, lector, doctrina patroni,
In primis domino,
Devote laudes iugiter perfunde benignas [1])

finden wir wieder in Gedichten des 9. Jahrhunderts aus SRiquier (vergl. demnächst Poet. Carol. III ed. Traube Carmina Centulensia CXXXIX S. 351 v. 15):

Haec perlecta, preces domino tu fundito sacras.

Prägnante Ausdrücke in C wiederholen sich in A: so der sonderbare Gebrauch von *moles*: C (II 13) *ingenti mole coruscans*; A (Poet. Carol. 422 c. XXV v. 3) *cui grande mole subit Gog* [2]). C *Verba micantia prome* (II 21); A *Verba micantia mente* (Poet. Carol. S. 418 c. XVI v. 7).

---

1) Vgl. A in Poetae Carol. I S. 75 v. 9 *fundito . . . preces pro rege benignas.*

2) So verbessere ich, überliefert ist *mole subito g*; der hapernde Gedanke wird durch ein Telestichon entschuldigt.]

Der Gedanke in C (I 25)

Qui sanctae sophiae certat rimare secreta

ist zu vergleichen mit A (a. a. O. S. 361 c. II v. 17)

Scrutarique sacrae gestit secreta sophiae.

Der Halbvers in C (I 20): *Dic, miserere deus* kehrt bei A wieder (Traube Karol. Dichtungen S. 56 v. 24).

Schlagend erscheint mir die Art, wie in C und A der Künstler gleichsam signiert hat:

C (I 21) *Hunc abbas humilis iussit fabricare libellum,*
Angilbertus enim vilis et exiguus.

A (Poet. C. I 365 II) *Hoc pavimentum humilis abbas conponere feci*
Angilbertus ego ductus amore dei,

neben welchen Versen bei A ähnliche Stellen häufig sind.

Schliesslich hatte ich schon früher gefunden[1]), dass Angilbert von SRiquier und Angilbert von Corbie, wie ich damals noch sagen musste, dasselbe sonst sehr selten verwertete Gedicht des Beda De die indicii nachahmten.

7. Ich glaube damit gesichert zu haben, dass Angilbert von SRiquier an König Ludwig den Frommen die Verse in C richtete.

Aber auch die Handschrift selbst scheint die von Angilbert veranlasste und nicht erst eine Abschrift aus dieser zu sein. Denn auf Grund der bis hierher geführten Untersuchung wagte ich an Léopold Delisle eine Anfrage zu richten, was er, der ausgezeichnetste der Palaeographen unsrer Zeit, angesichts der Handschrift zu ihrer Umdeutung in meinem Sinne, also 796—810 statt 880, zu bemerken hätte: und ich erhielt die liebenswürdig gegebene Auskunft, dass der von zwei verschiedenen Händen geschriebene Codex sehr wol dieser früheren karolingischen Zeit angehören könne, und dass er glaube, ich habe mit meiner Annahme das Rechte getroffen. Es wird also in Zukunft der Parisinus 13359 den nicht zu umfangreichen Schatz frühkarolingischer Handschriften vermehren.

Die palaeographische Forschung darf aber bei der Zeitbestimmung nicht stehen bleiben; sie hat auch nach dem Ort der Entstehung zu fragen.

Unsere Handschrift ist aus SRiquier; ihre Vorlage mag der im Inventar vom Jahr 831 angeführte Augustinus De doctrina Christiana gewesen sein[2]). Wie aber steht sie palaeographisch zu anderen Schreib-Erzeugnissen desselben Klosters? Ich muss gestehen, dass mir aus dem in karolingischer Zeit einst so reichen Schatz des Klosters SRiquier nur noch zwei Handschriften bekannt sind: Das Abbeviller Evangeliar und

1) Poetae Carol. III 1 S. 42 Anm. 5.
2) Vgl. Becker Catalogi 11, 34.

der oben nachgewiesene Corbieer Fortunat. Andere Handschriften mögen, nach einer Notiz von Ledieu[1], sich noch in der Stadtbibliothek von Abbeville befinden; andere, wie ich vermute, früher sich bei den Jesuiten in Löwen befunden haben.

Unser Augustin müsste einem palaeographischen Vergleich zunächst mit dem Evangeliar unterworfen werden, wozu mir aber augenblicklich die Mittel fehlen. Denn der Fortunat, für den an Stelle der unbrauchbaren Arndt'schen Tafel jetzt die beiden Blätter bei de Rossi (Inscript. a. a. O.) getreten sind, ist nicht wie der Augustin und das Evangeliar in den gewöhnlichen Schriftarten geschrieben, sondern in einer eleganten Halbkursive, die sich im Norden Frankreichs neben Majuskel, Halbunciale und karolingischer Minuskel herausgebildet haben muss. Dass sie nicht etwa nur Corbie eigen war, führe ich besonders an, damit die Zuweisung des Fortunat nach SRiquier nicht wieder zweifelhaft wird. Denn die von Adalhard von Corbie veranlasste Historia tripertita[2]) in ähnlicher Schrift, ist zwar nicht in Corbie, sondern in Noirmoutiers geschrieben[3]), könnte aber einen Corbieer zum Schreiber haben: jedoch gibt es auch andere Beispiele, die sicher nicht nach Corbie gehören.

Ich habe in meinen karolingischen Dichtungen dem Angilbert von SRiquier, den seine Zeitgenossen den Homerus zu nennen pflegten, aus einer getrübten Ueberlieferung, die an seine Stelle als Verfasser einen Dunkelmann Namens Bernovinus gesetzt hatte, 21 Dichtungen zurückgewonnen, darunter die schöne, die er für sein eignes Grab bestimmt hatte; ich glaube, wie dort der Bernovin dem Angilbert von SRiquier, muss hier dem Angilbert von SRiquier der Corbieer Namensbruder weichen. Je grösser aber die Zahl der Gedichte wird, die Anspruch auf seinen Namen haben, um so geringer wird die Wahrscheinlichkeit, dass das grosse Epos, von dem wir nur das Bruchstück über König Karl und Pabst Leo haben, ihm gehöre. Und er selbst vielleicht hätte für dieses seine eignen Gedichte alle hingegeben.

Anmerkungen zu Angilbert Abt von Corbie und Angilbert Abt von SRiquier.

1. Die Handschrift der Gedichte des sogenannten Angilbert von Corbie.

Zu S. 323.

I steht fol. 19, auf der ersten Seite des Augustin: vorangebunden sind Predigten des XII. Jahrhunderts; II steht fol. 108. Nach dem letzten Vers, bemerkt Herr Molinier, 'suit une ligne aujourd'hui presqu'entièrement effacée et grattée en cursive diplomatique du même temps'.

---

1) Revue de l'art chrétien nouvelle série t. IV (1886) S. 49.

2) Mabillon De re diplomat. S. 352; die Handschrift scheint verloren.

3) Wattenbach Anleitung zur latein. Palaeographie[4] S. 26.

2. Mabillon und die Chronologie der Aebte von Corbie.

Zu S. 324.

Am ausführlichsten begründet Mabillon seine Vermutung Annal. Ord. S. Benedicti lib. XXXVII cap. LXXV (ed. Lucae 1739 S. 179). — Ganz sicher ist die Datierung von Nicolaus' I. Privileg für Corbie unter Abt Trasulf 28. April 863, Jaffé Reg.[2] 2717; Odo ist kurz vorher Bischof von Beauvais geworden, man gibt im Allgemeinen an 859, ob mit Recht weiss ich nicht.

3. Die Bibliothek von SRiquier.

Zu S. 326 und 329.

Vergl. Gottlieb Ueber mittelalterliche Bibliotheken N. 401 (wo aber auf Monum. Germ. SS. XV S. 177 zu verweisen war), 402 und 1092. Vgl. Alchvine an Angilbert Monum. Alcuin. ed. Jaffé Seite 604. — Ueber das Abbeviller Evangeliar zuletzt Janitschek in Die Trierer Ada-Handschrift S. 87. — Handschriften von Augustinus De doctrina Christiana sind nicht sehr häufig, so dass meine Vermutung durch das Vorhandensein einer solchen in SRiquier eine neue Stütze erhält. — Den Index in der Petersburger Handschrift erklärt anders als ich (oben S. 326) Leo in seinem Fortunat S. IX.

4. Gedichte Angilbert's von SRiquier.

Zu S. 327.

Bei der Zerstreutheit des Materials wird eine kurze Uebersicht über die Gedichte Angilbert's willkommen sein. Echte Gedichte Angilbert's sind 1) Poet. Carol. I ed. Dümmler Seite 75 c. XLII (unter Pauli et Petri carmina), 2) ebenda S. 358 flg. carmen I—V (unter Angilberti carmina), 3) ebenda S. 364 die in der Anmerkung mitgetheilten (vgl. MGH. SS. XV 1 S. 177 flg.), 4) ebenda S. 414 flg. c. VI—XXVI (unter Bernowini carmina vgl. Traube Karolingische Dichtungen S. 51 flg., die Grabschrift Angilbert's ebenda S. 55 fg.).

5. Halbkursive in Frankreich.

Zu S. 330.

Es ist doch wol nicht Zufall, dass die Beispiele, die annähernd datiert und lokalisiert werden können, auf dasselbe Centrum führen: der Fortunat, wahrscheinlich noch zu Angilbert's Lebzeiten geschrieben vor 814, nach SRiquier; die Historia tripertita, 814—821 wahrscheinlich von einem Corbieer geschrieben, nach Corbie; die Blätter der Soissonser jetzt Brüsseler Handschrift 9850—9852 (vgl. Delisle Notices et Extr. XXXI, S. 33 flg.), jedenfalls später als 711 geschrieben, vielleicht nach Saint-Vast d'Arras. So muss ich gegen Delisle durchaus Wattenbach a. a. O. und Neues Archiv VIII 403 beistimmen. — Der Donaueschinger Orosius, der von Zangemeister und Wattenbach mit dem Petersburger Fortunat verglichen wird, ist nach meiner Erinnerung von wirklich langobardischer (italienischer) Hand geschrieben. Prou Manuel de paléogr. S. 85 führt noch mehrere Pariser Beispiele an, ich weiss aber nicht, ob sie auf Frankreich oder Italien zu beziehen sind. — Die ausradierte Zeile des Corbieer Augustin in dieser Halbkursive?

VI.

Dungall.

Dungal: dieses Namens gab es in Irland Könige, Aebte, 'Schreiber'. Der Name ist an keinen Ort und keine Zeit gebunden. Aber, wo auf dem Kontinent im 9. Jahrhundert ein Ire Dungal erwähnt wird, verlangen selbst die modernen Forscher, man solle die verschiedenen Nachrichten alle auf einen und denselben beziehen. Darnach war es ein grosser Gelehrter, der als Reclusus in SDenis lebte, dann als Lehrer in Pavia, schliesslich als Mönch in Bobbio. In Wahrheit sind es drei oder vier Homonyme, und es soll versucht werden, sie auseinander zu halten.

I. Dungal Reclusus in SDenis.

1. Ein gelehrter Ire mit Namen Dungal hatte seine Heimatsinsel verlassen und sich in SDenis als *reclusus* angesiedelt. 811 liess sich Karl der Grosse durch Vermittelung des Abtes Waldo von SDenis von ihm eine Auseinandersetzung über die Sonnenfinsternis des vergangenen Jahres geben. Die Antwort Dungal's, aus der wir diese Thatsachen schöpfen, ist erhalten[1]).

2. Wattenbach schrieb für Jaffé sieben Briefe eines *Dungalus pr* aus einem Harleianus ab, welche Jaffé, indem er den in der Handschrift vorletzten voranstellte, herausgab[2]). Diese gehören zusammen, der vorletzte ist bald nach dem Tode Karl's des Grossen geschrieben; der Schreiber hatte Beziehungen zu der Kaiserfamilie; er ist Ire, wie der Name besagt, er lebte als *peregrinus*[3]) in SDenis. Dies beweist ein Brief[4]), der zwar anonym, in diesem Zusammenhang aber nur dem Verfasser der umstehenden angehören kann. Es braucht nicht erst gesagt zu werden, dass es der Dungal ist, der 811 die Sonnenfinsternis erklären soll.

---

1) Jaffé Monumenta Carolina S. 396.
2) Ebenda S. 429 fg.
3) Ebenda S. 429 und 435.
4) S. 433.

3. Auf Befehl Ludwig's des Frommen und seines Sohnes Lothar schrieb 827 ein Ire Dungal gegen Bischof Claudius von Turin, der den Bilderdienst bekämpft hatte, *Responsa*, die noch erhalten sind. Es ist ein gelehrter Grammatiker. Er verräth für seine Zeit eben so entlegene Kenntnis, wie der Reclusus in SDenis. Dieser schreibt[1]) *qui antea postquam veni in istam terram*, jener[2]) *ex quo in hanc terram advenerim*. Der Reclusus eröffnet seine Antwort[3]) an Karl den Grossen: *Audiri ergo*, die Responsa beginnen: *Hunc itaque libellum*. Nach dieser Eröffnung bezeichnet sich beiderorts der Verfasser im Kontext ausdrücklich noch einmal als *ego Dungalus*. Die Sprache ist auch sonst in den Responsa und den Briefen übereinstimmend. Hier wie da wird gern etwas mit den Worten gespielt und gelegentlich ein Sprichwort eingestreut. Die Responsa wurden von Papire Masson aus einer Handschrift des Petau herausgegeben, die dem Kloster SDenis angehört hatte. Eine andere Handschrift des Klosters Bobbio wurde dorthin erst im 11. Jahrhundert gestiftet[4]). Der Verfasser der Responsa ist kein anderer, als der Reclusus in SDenis. Wahrscheinlich wurden auch dort die Responsa verfasst.

4. Dass der gelehrte Reclusus sich auch in der Dichtkunst versucht habe, ist an und für sich wahrscheinlich. Auch pflegte er auf die Converts seiner Briefe Verse zu setzen[5]). Unbestreitbar von ihm ist das aus einer Pariser Handschrift mit der Ueberschrift *Dungalu magister* von Dümmler[6]) herausgegebene Gedicht. Es ist in SDenis verfasst bei Lebzeiten des Hildvine († 840).

Ebenso weist sich von selbst dem Reclusus das Akrostichon *Hildoardo Dungalus* einer früher Corbieer Handschrift zu[7]). Hildoard war Bischof von 790—816. Dungalus bezeichnet sich in der prosaischen Einleitung als *peregrinus*.

5. Dümmler[8]) hat aus einer Handschrift der Königin von Schweden (Vaticano-Regin. 2078 saec. IX/X.), die früher dem Petau gehörte, eine Gedichtsammlung herausgegeben, die er unter den sog. *Hibernicus exul* und einen *Bernowin* vertheilt. Bernovin ist vielmehr Angilbert von SRiquier. Vom Hibernicus exul haben schon die Verfasser der Histoire litéraire de la France[9]) vermutet, es sei der Reclusus Dungal. Diese Vermutung trifft zum Theil das Richtige. Aber die Ausgabe Dümmler's lässt es nicht erkennen. Einerseits scheidet sie fremde Bestandtheile nicht aus, andrerseits interpoliert sie den vorhandenen Bestand aus einer Brüsseler Handschrift.

1) S. 432.
2) Migne CV 465.
3) Jaffé S. 396.
4) Vgl. unten S. 386.
5) Jaffé S. 430. 434. 436.
6) Poet. Carol. II 664.
7) Poet. Carol. I 411.
8) Poet. Carol. I 355 flg.
9) IV 497.

Deutlich heben sich mehrere Sammlungen von einander ab. Bis c. XVIII (Anthelm's Epitaph) weist der Inhalt deutlich auf SDenis. Aber auch in diesem Teil ist nicht alles einheitlich. Zusammengehören c. I, II, III, IV, V. Davon ist c. I sicher ein Gedicht des Dungal, wie die Verse auf dem Couvert (S. 396 *His ego litterulis*) verglichen mit Jaffé S. 430 und 433 beweisen. Ebenso c. II mit der Ueberschrift ***Hibernicus exul***, das durch Ausfall einer Blattlage am Schluss verstümmelt ist. C. III, IV, V — jedes mit der Ueberschrift *Versus Caroli imperatoris*[1]) — haben andere Dichter zu Verfassern; III vielleicht den gleich zu erwähnenden Motharius, IV bestimmt einen Petrus[2]).

Die bei Dümmler nun folgenden c. VI, VII, VIII, IX, X und XI, welches aus der Brüsseler Handschrift eingefügt ist, bilden eine fremde Einlage. Dies wird äusserlich dadurch gekennzeichnet, dass vor VI der Schreiber des Reginensis EPITAPHIVM CATHONIS[3]) schrieb und dann radierte. Das epitaphium Catonis, das bekannte Gedicht auf den Mimen Cato[4]), folgt in der Handschrift später, nach Dümmler's c. X, vor seinem XII. Mit ihm und c. XII ffg. wollte der Schreiber fortfahren, zog es aber vor, erst VI—X einzuschieben. In diesem Einschub möchte ich wieder VI (und VII?) von VIII, IX und X trennen. VI enthält in SDenis verfasste Tituli, die aber mit Dungal und der folgenden Sammlung nichts zu thun haben. VII ist das Gedicht eines uns weiter nicht bekannten Martin. VIII, IX und X erweisen sich als nicht hierher gehörig gerade dadurch, dass sie in dieser Reihenfolge auch in der Brüsseler Handschrift stehen, die mit dem Reginensis sonst keine Beziehungen hat. Um so weniger hätte c. XI, welches diesen Gedichten nur in der Brüsseler Handschrift folgt, ohne weiteres in die Gedichte des Reginensis eingestellt werden dürfen.

Nun folgt das, was ich als Sylloge aus SDenis herausgeben würde, wieder vielleicht in zwei Teile zerlegt: 1) Dümmler c. XII, XIII, XIV, XV, denen in der Handschrift, wie oft in derartigen Sammlungen, als Musterepitaph das Epitaphium Catonis vorangeht. 2) Dümmler XVI, XVII, XVIII; vorangestellt ist in der Handschrift aus ähnlichem Grund das Epitaph des Alchvine. Im ersten Theil haben wir wol mit Sicherheit XII, vielleicht auch XIII dem Dungal zuzusprechen[5]). Im zweiten Theil steht ein Gedicht auf Dungal von einem seiner Schüler gedichtet; vielleicht dem

1) Vgl. Poet. Carol. III S. 294, wo ein jüngerer Ire *Versus Lotharii* sein Gedicht an Lothar überschreibt.

2) Traube Karolingische Dichtungen S. 103.

3) Reifferscheid Biblioth. patrum I 821 liest *Fini /// /// /// bonus*, 'Cathonis' habe ich angesichts der Hs. deutlich erkannt, die oben gegebene Erklärung beweist auch *Epitaphium*, von dem nur *E* sicher ist.

4) Jetzt bei de Rossi Inscript. Christ. urb. Romae II 1 S. 283.

5) XIV wird von de Rossi Inscript. a. a. O. Seite 287 nicht richtig beurtheilt: es ist nicht aus dem 7. Jahrhundert, sondern es wurde zu Lebzeiten Karl's des Grossen auf das Grab des Chlothar und Dagobert gesetzt.

Motharius, von dem XVI 1 Schreiberverse, XVI 2 das Epitaph gibt. Denselben Motharius gehört vielleicht das Epitaph auf Authelm XVIII.

Die Sammlung schliesst mit XVIII, dem Epitaph Authelm's. Schon äusserlich macht sich das bemerkbar: es beginnt im Codex eine andere Hand. Der von ihr geschriebene Theil kann mit keinem bestimmten Entstehungsort in Verbindung gebracht werden: von fol. 123 an bis 143ᵛ, wo die Gedichte des Bernovin-Angilbert einsetzen. Er enthält die Rätsel Aldhelm's, eine auch anderweitig überlieferte Grabschrift Karl's des Grossen (Dümmler XIX), Stücke des Eugenius von Toledo und verschiedene Tituli (Dümmler XX, XXI, Bernovin I, II, III, IV, V). Von den Tituli hat Dümmler die ersten der Sammlung des Hibernicus exul, die anderen der des Bernovin zugewiesen. Eine Scheidung ist nicht möglich. Wenn Dümmler XX auf die Bauten Fardulfs in SDenis bezieht, so ist übersehen, dass es sich hier nicht um einen Königspalast, sondern um Lehrsäle für Hörer des Triviums und Quadriviums handelt, denen ein Saal für Medicin nach der Reihenfolge der Wissenschaften bei Isidor hinzugefügt ist. Bemerkenswert ist XXI, die Inschrift auf eine Kirche, mit dem Schluss: Gott solle schützen *astrologos omnesque ministros*. Die Handschrift verbindet damit, charakteristisch genug, ein Gedicht auf den Thierkreis: Baehrens Poet. Lat. min. V 351 c. 4 mit dem Schluss des Parisin. 12117 ebenda 352. Hieraus ergäbe sich vielleicht ein Anhalt zur Bestimmung des Entstehungsortes.

XXII bei Dümmler, aus der Brüsseler Handschrift hier eingestellt, gehört weder zu den Tituli noch zur Sammlung aus SDenis.

Folgendes müsste demnach die Anordnung der hier besprochenen Gedichte in einer kritischen Ausgabe der karolingischen Dichter sein:

1. Dungali carmina: die Verse am Schluss der Briefe, Poet. Carol. I S. 411 c. XXIII, Poet. Carol. II 664.
2. Hibernici exulis carmina Poet. Carol. I S. 395 flg. c. I, II (III, IV, V).
3. Sammlung aus SDenis a) Poet. Carol. I Seite 404 c. XII, XIII, XIV, XV; b) XVI, XVII, XVIII.
4. Tituli aus SDenis Poet. Carol. I S. 401 c. VI.
5. Anhangsweise das Gedicht Martin's ebenda 402 c. VII.

Aus den Gedichten, sofern sie ihm mit Recht zugewiesen sind, käme zu den anderen Daten aus Dungals Leben hinzu, dass er schon 784 (c. XII) in SDenis war.

2. Dungal Lehrer in Pavia.

825 wurde von Kaiser Lothar ein Ire Dungal als Lehrer von Pavia bestellt. Dies könnte der Reclusus von SDenis sein, es lässt sich aber keineswegs erweisen. Es wäre durchaus nicht unmöglich, dass Notker mit seiner Angabe: schon Karl der Grosse habe in Pavia einen Iren als Lehrer angestellt, Recht hat. Dann wäre es nicht wunderbar, dass bald andere Iren sich dorthin wandten und unter ihnen irgend ein Dungal.

3. Dungal der Genosse des Sedulius.

Das Gedicht eines Dungal an einen Baldo magister in dem erlesenen Metrum des Boethius De consolat. I 2 scheint, so närrisch auch der Zufall ist, weder den Dungal der Briefe zum Verfasser, noch den Waldo der Briefe zum Adressaten zu haben. Dümmler[1]) hält den Baldo für einen auch sonst bekannten Salzburger Schreiber. Nach dem sonstigen Inhalt der Münchener Handschrift, die das Gedicht überliefert, ist das unzweifelhaft richtig. Nur ist, wenn Baldo der Salzburger ist, wie schon Wattenbach[2]) sah, Dungal nicht der Reclusus, sondern erheblich jünger als dieser. Wattenbach vermutet, dass in Salzburg die irischen Genossen des Sedulius, als sie nach Italien zogen, Aufenthalt nahmen. Wir begegnen in der That in ihren Handschriften dem Namen Dungal[3]). Das Metrum der Verse an Baldo hat auch Sedulius angewandt[4]). Vielleicht hat er es wieder aufgegriffen. In Italien beklagt 855 ein Ire[5]) in demselben Metrum den Tod Lothar's. Also es ist so gut wie sicher: Dungal, der Verfasser des Gedichtes an Baldo, gehört einer jüngeren Generation der irischen Emigranten an, als deren Hauptvertreter wir Sedulius zu betrachten haben.

4. Dungal Mönch von Bobbio.

Dungalus praecipuus Scottorum, der im Catalog von Bobbio als Geber einer Folge von Handschriften genannt wird[6]) und sich in Schreiberversen einiger erhaltenen Bobbienses als Geber und *sancte Columba tuus incola* selbst bezeichnet hat[7]), kann, wie Gottlieb aus dem Alter der aus seiner Schenkung erhaltenen Handschriften schloss[8]), nicht vor das 11. Jahrhundert gesetzt werden.

Dass er *librum Dungali contra perversas Claudii sententias unum* an Kloster Bobbio schenkt[9]), darf die Richtigkeit dieser Thatsache nicht erschüttern. Ist es denn so merkwürdig, dass der jüngere Dungal sich zu seinem älteren Namensvetter und Landsmann hingezogen fühlte und dessen Werk abschrieb?

Das Exemplar des Catalogs ist doch gewiss kein anderes[10]) als Ambros. B. 102 ord. sup. saec. XI 8⁰. Es scheint zu gleicher Zeit zu folgen, dass, wenn Dungal's Werk nach Bobbio im 11. Jahrhundert geschenkt wurde, dort kein Exemplar desselben vorhanden war.

---

1) Poet. Carol. I 412, nach Foltz Gesch. der Salzb. Bibliotheken S. 14.
2) Geschichtsquellen I [6] 274.
3) Codex Bernensis 363 fol. 54 vgl. Zimmer Glossae Hibernicae S. XXXI und die folgende Abhandlung.
4) Poet. Carol. III 158 c. IX.
5) Traube Wochenschrift für klass. Phil. 1891 N. 12.
6) Becker Catalogi 32, 480—508.
7) Poet. Carol. I 394.
8) Centralblatt für Bibliothekswesen 4 (1887) S. 443.
9) Becker 507.
10) Peyron Ciceronis fragmenta I 167 fg.

Anmerkungen zu Dungali.

1. Dungalus reclusus.

Zu S. 332.

Dungalus *pr* in der Handschrift der Briefe möchte ich *peregrinus* deuten. Jaffé Seite 429 deutet *presbyter* gleichfalls ohne Sicherheit. — Die Schrift *contra Claudium* ist zwei Jahre nach der Pariser Synode und dem Empfang der Pariser Deputirten verfasst, vgl. Simson Ludwig der Fromme I 250 Anm. 4. Die andere Angabe in ihr, es seien 820 Jahre *et amplius* seit dem Beginn der Bilderverehrung verflossen, ist allgemein.

2. Hibernici exulis carmina.

Zu S. 333.

Der Text der Gedichte ist noch sehr verdorben. Abgesehen von vielfach falscher Interpunktion und überflüssig berichtigter Orthographie bleiben noch eine Reihe Fehler. Folgende Verbesserungen halte ich für wahrscheinlich und nötig. II 16 *compar sis carmine* (*comparis carmina* cod.) 18 *numina* (*nomina* cod.) 36 *aequus* (*aequis* cod.) 83 *in patriis* (mit cod.) *exultat victor in armis* (*in armis* cod.) 91 *credidit* (cod.) 102 *servitum* (desgl.) V 4 *adgravet* (*adgravat* cod.) 5 *solet* (*esse* cod.) VI 3 *Aurea* (*Auro in* cod.) IX 4 *remeante* (*remaneant* cod.) X Ueberschrift *SVPER ORAtorium* (*vir orans* cod.) XIV 4 *quem* (mit cod.) 7 *quo* (*quod* cod.) XVII 32 *det sibi* (*tibi* cod.) *pace deus* (*deo* cod.) XXI 1, 5 *dogmate* (*dogmata* cod.) II 8 *Rethoricae* (*Rethorica* cod.) III 9 *Haec* (mit cod.) IV 9 *titulis* (*rutilis* cod.)

VI 4 *Hic nam repperies, quo constat* (mit cod.) *cuncta tenore*
Organa vel ex scit (*castet* cod.) *artificare melos*

VIII 9 *Haec arcere lues, laceras* (*corbere lues laceres* cod.).

3. Dungalus an Baldo.

Zu S. 336

Sonst kenne ich in diesem Metrum nur noch den ziemlich alten Hymnus auf Maria *O quam glorifica* Daniel IV 189 und den Hymnus auf Gorgonius, den die Bollandisten Catalog. Codd. Hagiographicor. bibliothecae Bruxellensis I 2 S. 396 aus der Cusaer Hs. des Sedul (vgl. unten) abgedruckt haben. Während diese Gedichte fast ausnahmslos das auch von Boethius (vergl. Peiper S. 225) bevorzugte Schema — ∪ ∪ — | — ∪ ∪ — ∪ einhalten, ist Dungal's Bau unregelmässiger. Neben dem erwähnten hat er häufiger noch — ∪ ∪ — ∪ ∪ — und seltener — — — — — und — ∪ ∪ — — —. Die Publikation der Bollandisten ist weder, was die genaue Wiedergabe der handschriftlichen Lesart angeht, ganz korrekt; noch kann sie kritisch befriedigen. Sie merken nicht, dass in der Hs mit dem Metrum ein Rhythmus verbunden ist, der hinter *Amen* beginnt. Für *flammas non metuit sed speravit* ist zu verbessern *superavit*, für *prospera calcans* wahrscheinlich *aspera* und für *pugna multimoda fortiter eta* vielleicht *pugnam multimodam fert iteratam*.

VII.

Sedulius Scottus.

I. Leben und Werke.

Ueber meine Ausgabe der Gedichte des Sedulius Scottus[1]) sagt ein ungenannter Beurtheiler[2]): 'der Verfasser geht etwas zu weit, wenn er das Leben des Sedulius „zur Zeit zu erzählen verhindert", ganz weglässt, nachdem es von mehreren Autoren in unserer Zeit bereits auf das Gründlichste behandelt worden ist. Hoffte der Hrsgbr. danach noch neue wichtige Entdeckungen über dasselbe zu machen? Mindestens hätte sich doch hier eine Hinweisung auf die Arbeiten Anderer geziemt, zumal das Verständniss der Dichtung gerade dieses Poeten eine Kenntniss seines Lebens zur nothwendigen Voraussetzung hat'. Der letzte Vorwurf trifft mich ganz und gar nicht: denn auf die verdienstvollen Untersuchungen Ernst Dümmler's, auf denen im Grunde alles beruht, was die 'mehreren Autoren auf das Gründlichste behandelt haben', wird fortlaufend von Gedicht zu Gedicht verwiesen. Derartiges wörtlich auszuheben, mag ein Prinzip sein, ist aber nicht meines. Was aber die 'wichtigen Entdeckungen' betrifft, 'die der Hrsgbr. über das Leben des Sedulius zu machen hoffte', so habe das Wort nicht ich ausgesprochen, nehme es auch nicht auf; aber es gibt ebensoviel aus dem Wirken und den Werken dieses Mannes, was noch nicht richtig, als was noch überhaupt nicht behandelt worden ist. Es wäre also vielleicht gar nicht einmal so schwer, 'wichtige Entdeckungen darüber zu machen'. Nur würde es nicht das Verdienst des 'Hrsgbrs.', sondern die Schuld der 'mehreren Autoren' sein. Dennoch soll auch diesmal nicht das Leben des Sedulius erzählt werden, dessen Schilderung von anderer Seite in Aussicht gestellt ist, sondern es wird nur gezeigt, in welcher Weise der bisher bekannte Stoff zur Ausbeutung herzurichten war und aus welchen Quellen er bereichert werden kann. Es ist also kritischer Apparat, was ich gebe, nicht Text.

1) Poet. Carol. III 1 S. 150—240.
2) Literar. Centralbl. 1887 Nr. 42.

1. Der Name Sedulius hat, wie H. Zimmer mir gütig mitteilt, kein irisches Gepräge; seine Häufigkeit in Irland erkläre sich ebenso, wie die Beliebtheit des Namens Virgilius in Irland, aus der Verehrung für die römischen Träger dieser Namen. Erst die moderne irische Hagiographie hat den Dichter des Carmen paschale zum Iren gemacht: aus einem falschen Rückschluss, indem sie den Namen Sedulius — in irischer Transcription Siadhail — für einen ursprünglich irischen ansah. Im ausgehenden 7. Jahrhundert weiss Ædelwald[1]) noch nichts davon und nennt als Verfasser von Carmen paschale II, 139: *Romae urbis indigena . . . doctiloquus Sedulius.* Seit dem 8. Jahrhundert fällt in irischen Annalen die Häufigkeit des Namens auf[2]); seit derselben Zeit begegnet er auch häufiger auf dem Kontinent. Literarische Erzeugnisse aber unter dem Namen Sedulius Scottus, die in zahlreichen Handschriften des Kontinents vorliegen, führen mit Sicherheit alle auf ein und denselben Iren Sedulius, der um die Mitte des 9. Jahrhunderts, nachdem er wie viele seiner Landsleute der Heimat den Rücken gewandt, lehrend und schreibend in den Karolingerreichen des Festlandes sein Glück suchte. Wenn H. Hagen[3]) immer noch einen Dichter und Grammatiker Sedulius unterscheidet, die beide ganz um dieselbe Zeit müssten gelebt und geschrieben haben, so ist für diese Ansicht bis jetzt noch nicht der Schein eines Grundes vorgebracht worden, und der Zusammenhang der folgenden Untersuchung wird zeigen, wie unbegründet sie ist.

2. Entgegen schien der aus den Schriften selbst geschöpften Erkenntnis über die Zeit ihres Verfassers der Vermerk in den Annales Sangallenses maiores[4]) zu sein: *Sedulius Scottus clarus habetur*, da er schon zum Jahr 818 steht. Hier hat man mit Recht unsern Sedulius verstanden. Die Angabe ist aber gefälscht und also das Datum ohne Wert. Denn in unserer Ueberlieferung der Annales fehlt der Satz. Henking, ihr letzter Herausgeber, lässt die Frage zwar offen, ob Goldast, ihr erster Herausgeber[5]), der den Vermerk aufnahm, nicht doch eine eigene Handschrift der Annales, ausser 453 der Stiftsbibliothek, benutzte. Aber Goldast ist nicht zu trauen. Der Hepidannus, der nach seiner Handschrift die Annales verfasst haben soll, ist von ihm erschwindelt, wie anderorts von ihm der Ofilius Sergianus, der Albius Ovidius Juventinus, der Julius Speratus[6]), die zehn Petrone[7]) und der Magister Ruodpert[8]). Und der Vermerk über Sedulius stammt nicht aus Goldast's Handschrift der Annales,

1) Monum. Mogunt. ed. Jaffé S. 41 v. 5 ffg.

2) Vgl. C. O'Connor Rerum Hibernicarum SS. I S. LXX der zweiten Vorrede.

3) Verhandlungen der 39. Versammlung Deutscher Philologen und Schulmänner Leipzig 1888 S. 257.

4) Mittheilungen zur Vaterländischen Geschichte XIX SGallen 1884 S. 279.

5) Ebenda S. 259 fg.

6) Schenkl S.-B. der phil.-hist. Cl. der Wiener Akademie XLIII 92 ffg.

7) Büchreler S. 229 in seinem grösseren Petronius.

8) Bächtold Zeitschr. f. deutsches Altertum XXXI (1887) 189.

sondern aus Goldast's Handschrift des Sedulius. Denn nach Labbe[1]) besass er 'anno 1610' einen Sedulius De regimine principum, aus welcher Schrift er die Existenz eines jüngeren Sedulius annahm und freilich nach Cap. 9 der Schrift auch annehmen musste. Er sah, dass dieser Sedulius in der Karolingerzeit lebte; und da seine Handschrift denselben Fehler hatte, wie die später von A. Mai herausgegebene, wahrscheinlich sogar eben diese war[2]), setzte er nach den Worten[3]): *eadem quoque karolum inter cetera uirtutum insignia in sacratissimum pre ceteris terrarum principibus augustum dedicauit. hec ludowicum piissimum adordinauit imperatorem*, wie später auch Mai, die Abfassung rathend in eine kurz nach 813 liegende Zeit.

Ferner schien für eine frühere Blütezeit des Sedulius zu sprechen, dass Dicuil in der 825 geschriebenen Geographie ihn zu erwähnen schien. Aber Dümmler hat erkannt, dass Dicuil vielmehr auf den Verfasser des Carmen paschale verweist. Wenn er diesen *noster* nennt, so bezeichnet er ihn damit nur im Gegensatz zu Vergilius als Christen[4]).

3. Unter dem Namen des Sedulius Scottus sind uns folgende Werke überliefert, die aber nur zum Teil im Druck vorliegen.

1) Theologische Schriften: Ihre Zeit ist zum Teil dadurch bestimmt, dass sie ausdrücklich, freilich ohne den Namen des Haeretikers zu erwähnen, gegen Gottschalk's Lehre von der Praedestination Stellung nehmen.

a) *Collectaneum in epistolas Pauli*; ältere Ausgaben verzeichnet Usher Antiquitates[2] 403 Anm., jetzt bei Migne CIII 1—270.

b) *Collectaneum in Mattheum*; ungedruckt.

c) Erklärung zum Brief des Hieronymus an Damasus (vergl. Wordsworth Euangel. sec. Matth. S. 11) jetzt bei Migne 331—351. *Explanatiuncula de breuiariorum et capitulorum canonumque differentia*: ebenda 271 fg. *Explanatiuncula* (oder *expositiuncula*) *in argumentum secundum Mattheum, Marcum, Lucam*; ebenda 275—290.

2) Grammatische Schriften:

a) *Commentariolum in artem Euticii grammatici* gedruckt bei Hagen Anecdota Helvet. 1—38; benutzt ist vor allen Priscian und der Traktat des Macrobius[5]); der Verfasser verräth Kenntnis des Griechischen. Die Schrift ist vielleicht noch in Irland verfasst.

b) Commentar zum Priscian; ungedruckt.

c) Commentar zur Ars minor des Donatus; ungedruckt.

---

1) Diss. philol. de SS. eccl. II Paris 1660 S. 338. Woher es aber Labbe hat, kann ich nicht sagen, da die Goldastiana unserer Bibliothek dazu nicht ausreichen.

2) Mai Spicilegium Rom. VIII.

3) So lauten nach meiner Vergleichung die Worte im Vaticanus Mai's fol. 111 (= 113.) Die richtige Lesung *adornauit* bei Dümmler Neues Archiv III 188.

4) Neues Archiv IV 316.

5) Vgl. Hagen in Bursian's Jahresbericht I 2 (1873) S. 1420.

3) Ein **Fürstenspiegel** (De regimine principum); jetzt bei Migne 291—332, die Gedichte daraus bei mir Poet. Carol. III 1 S. 154—166 vgl. 151. Verfasst ist er, wie Dümmler zeigte, nach 840; er kann aber ebenso gut an Ludwig II. als an Lothar II. gerichtet sein.

4) **Zahlreiche Gedichte**, die eine Handschrift aus Cues überliefert hat. Nachdem von de Reiffenberg, Grosse, Pirenne und hauptsächlich von Dümmler, die Stücke einzeln an verschiedenen Orten herausgegeben waren, machte ich a. a. O. S. 166—232 von ihnen eine Gesamtausgabe auf Grund meiner neuen Vergleichung der Handschrift.

Die früher in Cues, jetzt in Brüssel befindliche Handschrift 10615—729 des 12. Jahrhunderts ist die einzige, welche dies Corpus der Gedichte des Sedulius überliefert. Nur c. X (S. 178) steht teilweise in einer Handschrift aus Metz. Es ist wichtig, zu wissen, dass Sedulius zu Bischof Adventius von Metz in Beziehung stand. Ebenso wird die Sammlung des Corpus mit einer bestimmten Stätte in Verbindung zu setzen sein. Ich habe a. a. O. ausser dem Sedul mehrere jetzt in Brüssel und Cues befindliche Handschriften des 12. Jahrhunderts nachgewiesen, die, von Nicolaus von Cues an das Spital Cues bei Bernkastel geschenkt, durch ihren gleichartigen palaeographischen Charakter gleiche Provenienz bekunden. Zweifelnd habe ich auf Trier als Entstehungsort hingewiesen. Aber woher kamen im 12. Jahrhundert nach Trier z. B. die Gedichte des Sedulius? Ich vermute aus Lüttich, wo der unstäte Sedulius eine Zeit lang sesshaft war. So erklärt es sich, dass die Handschrift neben anderen Stücken, die auf Frankreich weisen, z. B. die Rhetorik Notker Labeo's und seinen Brief an den Bischof von Sitten umschliesst. Diese Sanctgaller Denkmäler konnten am ehesten unter Bischof Notker von Lüttich († 1008) aus SGallen, der Heimat Notker's, nach Lüttich gekommen sein. Jedesfalls aber trat damals SGallen in Beziehungen zu Lüttich.

Ich war bei der Ausgabe der Gedichte des Sedulius nicht in der Lage, das Corpus der Brüsseler Handschrift aufzulösen. Es ist aber auch für jede Untersuchung besser, dass derartige Sammlungen im Zusammenhang vorgelegt werden und chronologische Unordnung nicht zu kritischer Unordnung wird.

Im Allgemeinen ist die Anordnung der Gedichte in der Sammlung chronologisch, aber so, dass die chronologische Anordnung immer von Neuem einsetzt und sich deutlich verschiedene Schichten abheben. An einzelnen Stellen leuchtet daneben auch das Prinzip einer sachlichen Gliederung durch; und deutlich zeigt sich z. B., dass die Begrüssungsgedichte [1]) c. LXV ff. als Formeln hintereinander gestellt sind.

Darnach unterscheide und trenne ich, ohne zu glauben, überall das Richtige zu treffen, im Allgemeinen aber gewiss in Uebereinstimmung mit dem Thatsächlichen, folgendermassen:

---

1) Vgl. W. Meyer in den Sitzungsberichten der Philos.-philol. Cl. 1882 II 258 und Pannenborg Forschungen z. Deutschen Gesch. XI (1871) 231.

I) c. 1—18 Gedichte aus der Lütticher Zeit 848—855, der Dichter von Hartgar Bischof von Lüttich mit seinen zwei Genossen freundlich aufgenommen, feiert ihn und die Stuhlbesteigung seines Nachfolgers Franco.

Den Terminus ante quem non gewinne ich erst unten. Im Allgemeinen kann kein Gedicht vor 840 entstanden sein. — Enthalten sind c. 14 an Karl den Kahlen, 15 an Ludwig den Dicken und Karl den Kahlen, 16 an Wulfing, einen Ministerialen Kaiser Lothar's (vgl. Schrörs Hinkmar Reg. 65). Mühlbacher Reg. S. 765 setzt 15 auf 870, dies vereinigt sich mit keiner der sonst zu Tage tretenden chronologisch festsetzbaren Thatsachen. Ich nehme an, dass während der Krankheit Lothar's 855 seine Brüder noch einmal in Lüttich zusammenkommen. — C. 6 v. 43 wird von Dümmler Geschichte des Ostfr. Reiches² I 306 missverstanden; Leo ist nicht der Pabst, sondern das Zeichen des Thierkreises.

II) c. 20—26 Gedichte des Jahres 848, durch die sich Sedulius mit Kaiserin Ermingard und ihren Kindern in Verbindung setzt. Der Kaiser gewährt ihm ein Gnadengeschenk.

Hier ist alles klar; nur sind meine Bemerkungen zu c. 23 und 24 falsch. 25 bin ich durch die fehlerhafte Ueberschrift, die ihm der Codex gibt, irre geführt worden: *Ad Lotharium regem*, es muss heissen *ad Ludovicum regem*, wie Vers 27 zeigt. Das Gedicht geht auf die Besiegung der Saracenen 848. In der Vorlage stand nur *L.*; aber gerade die falsche Deutung auf den von Sedulius nicht gefeierten Lotharius beweist, dass der Ordner der Zeit noch nicht so ferne stand, in der die Söhne Kaiser Lothar's lebten. Aus dem Zusammenhang der bei Sedul vorliegenden Ueberlieferung ergiebt sich, dass Karl, der dritte Sohn Lothar's, nach 848 geboren ist.

III) c. 28—35 schliesst sich an I an: etwa 854—858. Während der Krankheit Lothar's oder nach seinem Tode nähert sich der Dichter den Brüdern des Kaisers, verbleibt aber zunächst in Lüttich bei Franco.

Mit 28 und 30 vgl. 15; 29 Fragment eines Gedichtes auf Ludwig II. von Italien.

IV) c. 36—44 aus der Zeit Hartgar's, etwa 848. Der Dichter feiert die Kinder des Kaisers, hier auch die Aebtissin Berta; besingt einen Edlen Rotbertus und begrüsst den mächtigen Markgrafen Eberhard von Friaul, der einen Sieg über die Saracenen davongetragen.

Dümmler denkt für 39 an das Jahr 848 oder 852.

V) c. 45—65: früheste Schicht, etwa 848—858. Am Anfang drei Gedichte, die, wie ich vermute, Sedulius aus der Heimat mitgebracht hat: die ersten über eine siegreiche Schlacht der Iren gegen die Normannen, das dritte auf einen von König Roadri von Wales (seit 844) geweihten Altar. Die Vermutung ist gestattet, dass Sedulius mit der irischen Gesandtschaft aufs Festland gekommen ist, von der Prudentius zum Jahr 848 berichtet: *Scotti super Nordmannos irruentes auxilio domini nostri Jesu Christi victores eos a suis finibus propellunt. Unde et rex Scottorum ad Karolum pacis et amicitiae gratia legatos cum muneribus mittit viam sibi petenti* (ich, *petendi* cod.) *Romam concedi deposcens.* — Wir sehen Sedulius in Verbindung mit dem Grafen Eberhard treten, dem er im Auftrag Hartgar's einen Vegetius überreicht, sehen ihn ferner wieder in seinen Beziehungen zu dem Edlen Rodbertus, zu Kaiser Lothar und dessen Familie.

Dümmler bezieht Gesch. d. Ostfr. R. I 253 Anm. 3 c. 45 auf den Sieg der Friesen über die Normannen 845. Wahrscheinlicher ist mir meine Vermutung wegen der Beziehung des 47. Gedichtes. In diesem hatte ich den König Roricus früher zweifelnd auf den Bruder des Dänenkönigs gedeutet; wenn ich gleich auch jetzt den Bischof(?) Rathaldus nicht unterbringen kann, so scheint mir doch die Deutung auf König Ruadri (vgl. z. B. Nigra, Reliquie Celtiche Seite 12) gesichert. Anknüpfungspunkte der irischen Gelehrten mit Wales werden sich später ergeben. Freilich konnte in den vierziger Jahren einen Iren noch manches Andere zur Emigration veranlassen. So fällt z. B. 841 Armagh in die Hände der Normannen und der Clerus wird ausgewiesen: vgl. d'Arbois de Jubainville Introduction à l'étude de la littérature celtique I 378. — 59 f., Gruss an Kaiser Lothar im Namen Hartgar's, kann sich nur auf Lothar's Aufenthalt in Lüttich (854) beziehen, vgl. Mühlbacher Reg. 432. Lothar's Aufenthalt ist erwiesen nur für den Februar; Sedul schreibt im April-Mai. Lothar hat offenbar Ostern (25. April) in Lüttich verbracht. — 61 gedichtet nach Ermingard's Tode (851). — 62 kann auf den Notstand in Lüttich 858 (vgl. Prudentius) gehen.

VI) c. 65–75; etwa 855—58. Der Dichter erringt nach dem Tode Hartgar's die Gunst anderer hoher Geistlicher (Addo Abt von Fulda 842—56, Bischof Adventius von Metz 858—75, Lantbert Bischof von Münster 849—71). Sicher geht aus den Gedichten hervor, dass er sich in diesem Zeitraum auch am Hofe Gunthar's von Koeln (850—63) aufgehalten hat und von diesem versorgt wird. Den Grafen Eberhard begrüsst er bei dessen Eintreffen in Deutschland.

Gemeint ist in 67 vermutlich Eberhard's Gesandtschaft nach Deutschland 858, vgl. Dümmler Gesch. d. Ostfr. R.[2] I 419. — 69 ist das Widmungsgedicht für eine Bibel, die Gunthar in Rom dem Pabst überreichen will. Sedulius schickt es nach; Gunthar bleibt den ganzen Winter über fort, vgl. 70.

VII) 76—83 Schluss; etwa 848—858. Gedichte, die aus dem Verhältnis zur Familie des Kaisers Lothar und zu Bischof Gunthar hervorgangen sind.

76 habe ich früher mit Dümmler auf Hildwin, Bischof von Cammerich, den Bruder Gunthar's bezogen; gemeint ist aber wohl Hildwin von Köln, der Vorgänger Gunthar's. – 77 geht auf Karl, den dritten Sohn Lothar's, 78 auf Berta: dieselbe Zusammenordnung in der fünften Schicht.

Der Ordner der Sammlung, den wir vorauszusetzen haben, steht der Zeit des Sedulius nicht ferne[1]). Der Schluss der einzelnen Teilsammlungen, die er zusammenarbeitete, hebt sich meist dadurch ab, dass dort Gedichte ohne chronologischen Anhalt stehen: an die irischen Landsleute, Ludicra und Aehnliches. Anderes, wie die Trümmer einer Inschriftensammlung, war schon in den Teilsammlungen an den Schluss gekommen, ohne dass der Ordner es gemerkt und ausgeschieden hätte. Man hat sich, etwa noch im 9. Jahrhundert, in Lüttich für den irischen Dichter zu interessieren angefangen, aus Lüttich selbst und anderen Stätten seines Wirkens Handschriften und Sammlungen, die er selbst hin und wieder mochte veranstaltet haben, zusammengezogen und zusammengeordnet, indem man bestrebt war, das mehrfach Vorhandene nur einmal unterzubringen.

1) Vgl. oben S. 342.

5) Eine Excerptensammlung mit der Ueberschrift *Prouerbia grecorum*, welche die von Klein beschriebene Handschrift C 14 in Cues enthält, hat den Sedulius zum Verfasser, wie die folgende Abhandlung darthun soll.

6) Nicht erhalten, wie es scheint, ist eine Handschrift, auf die man die Angabe des Catalogs von Toul aus dem 11. Jahrhundert beziehen könnte: ***Sedulius Scottus cum expositione cathegoriarum vol. I***[1]). Sedulius scheint darnach auch die Eisagoge des Porphyrios kommentiert zu haben. Was bei jedem Schriftsteller der damaligen Zeit, sofern er kein Ire war, einfach vorauszusetzen wäre, dass es sich dabei nicht um das Original des Porphyrios, sondern eine Uebersetzung des Boethius oder Victorinus handelt, kann ohne ein weiteres Zeugnis bei Sedulius nicht entschieden werden. Bemerkenswert bleibt, dass in einer unten zu besprechenden griechisch-lateinischen Handschrift der Paulinischen Briefe ein dem Sedulius nahestehender Ire, wenn nicht er selbst, einige Male *phorphirii*, *goqgique* u. s. w. an den Rand geschrieben hat, offenbar mit der Absicht, dadurch auf die Eisagoge zu verweisen[2]). Doch in der gleichzeitigen Evangelien-Handschrift eines anderen Iren scheint ein Verweis auf dem Rand: *Boetii* demselben Zweck zu dienen[3]), und Namen werden auch sonst in jener Handschrift der Paulinischen Briefe gern mit griechischen Buchstaben und in griechischer Form gegeben.

7) Steinmeyer[4]) gab aus einer Karlsruher und einer Sanctgaller Handschrift lateinische Lemmata mit ahd. Glossen heraus, die in der ersten *SEDVLIVS DE GRECA* überschrieben sind. Er erkannte, dass nach dem Charakter der lateinischen Worte darunter nur Sedulius Scottus verstanden sein könnte. Wahrscheinlich ist mir, dass das Original die Bearbeitung einer Recension der Hermeneumata des Pseudodositheus war. Althochdeutsche Glossen wurden auch einer anderen Schrift des Sedulius später beigeschrieben[5]).

8) Dass aber Sedulius dem Griechischen umfängliches und mühevolles Studium widmete, beweist der von ihm selbst geschriebene griechische Psalter, welchen die Pariser Arsenalbibliothek als Codex 8407 bewahrt. Auf den vollständigen griechischen Psalter[6]) folgt fol. 53 die Unterschrift: CΗΔΫΛΙΟC . CΚΌΤΤΟC . ЄΓΩ . ЄΓΡΑΨΑ[7]). Dem schickt er verschiedene *Cantica* nach, im Text der

1) Becker Catalogi 68, 187 nach Docen's sehr mangelhaftem Druck der Münchener Handschrift. Die Bibliothek scheint mit Werken des Sedulius, die wir aber im Einzelnen nicht mehr nachweisen können, gut ausgestattet gewesen zu sein; vgl. 177, 187, 188.

2) H. Zimmer Glossae Hibernicae S. XXXIV fg.

3) Antiquissimus quatuor evangeliorum codex Sangallensis ed. Rettig S. XXX.

4) Die Althochdeutschen Glossen II S. 623

5) Vgl. unten die Anmerkung zu den Handschriften des Sedulius.

6) Am Schluss der CLI. Psalm, vergl. Fabricius Codex pseudepigraph. veteris testamenti I 906 fg.

7) Die letzten drei Worte nach L. Delisle mit anderer Tinte; vgl. unten die Anmerkung zu den Handschriften des Sedulius.

Septuaginta mit einer alten lateinischen Uebersetzung daneben[1]. Es folgen die *Cantica* aus dem neuen Testament, Pater noster, Symbolum Nicaenum alles griechisch mit lateinischer Uebersetzung bis fol. 64. Den Beschluss machen Graeca aus den Divinae institutiones des Lactantius mit lateinischer Uebersetzung bis fol. 66. Brandt glaubt, dass Sedulius schon ein Exemplar mit lateinischer Uebersetzung der betreffenden Stellen benutzte, dass es ihm aber an Verständnis des Griechischen, welches ihm im Einzelnen Verbesserungen sowol des Textes, als der Uebersetzung ermöglichte, nicht gebrach.

4. Wir machen Halt, um nach kurzer Rückschau über dies inhaltreiche Gelehrtenleben zu zeigen, wie mit der Fülle und Mannigfaltigkeit der verzeichneten Werke die Bedeutung des Mannes lange noch nicht genügend umschrieben ist.

Um das Jahr 848 trifft er mit zwei irischen Genossen in Lüttich ein. Der Bischof Hartgar nimmt ihn freundlich auf und behält ihn bei sich. Seit jener Zeit gibt es in Lüttich eine irische Kolonie[2]. Bis etwa 858 können wir sein Leben auf dem Kontinent verfolgen. In rastloser Arbeit vergeht es, von der eine Reihe verschiedenartiger Werke ehrendes Zeugnis ablegen. Für seine Zeit unverächtliche Kenntnis der griechischen Sprache und Quellen und kühnes Zurückgehen auf sie stellt ihn an die Seite des grösseren Landsmannes: Johannes Eriugena. Der Preis der Arbeit, doch auch die Folge schmeichelnder Bewerbung, ist die Freundschaft der Grossen. Den Kaiser und seine Familie, des Kaisers Brüder, Grafen und Bischöfe gewinnt er zur Anerkennung und Unterstützung. Gunthar, der gelehrte, poesiekundige und -freudige Bischof von Köln, zieht ihn zeitweise (nach 850) an seinen Hof, und vorher schon verkehrt er mit Hildvin, dem Vorgänger Gunthar's. Zuletzt tritt er in Beziehung zu Adventius, der seit 858 Bischof von Metz ist. Wie die Iren überhaupt, hat er lebhaftes Nationalgefühl. Oefter gedenkt er der Landsleute, die, wie es scheint, nach ihm das Festland betretend, dieselbe Strasse wie er ziehen. Er begrüsst einen Iren Dermoth[3], später das irische 'Viergespann' Fergus, Blandus, Marcus und Beuchell[4]. Es sind gelehrte Theologen wie er. Fergus besingt Karl den Kahlen, und Sedulius gesteht, dass Maro und Naso ihm weichen müssen[5].

Was ist nach 858 aus Sedulius geworden? — Wir wissen es nicht. Der glückliche Zufall, der uns bis daher so eingehend über ihn belehrt, hat uns vielleicht mehr Interesse an seiner Persönlichkeit eingegeben, als es seiner Stellung in der damaligen Kultur zukommt. Die Folgezeit ist gerechter. Der Name und der Mensch tauchen für uns unter. Es bleiben die ihn treibenden Kräfte. Wir haben von hier an nicht mehr über ihn zu sprechen, sondern über die Wirksamkeit seiner irischen

---

1) Die Zusammenstellung des Sedulius ist alt und begegnet z. B. in einer irischen Handschrift aus Bobbio, Zimmer Glossae Hibernicae S. XVII.

2) Vgl. Dümmler Neues Archiv XIII 360 flg.

3) Poet. Carol. III S. 193 c. XXVII.

4) Ebenda S. 199 c. XXXIV.

5) Ebenda S. 200 c. XXXV.

Zeitgenossen auf dem Kontinent, in deren Schaar er und die eben genannten Freunde aufgehen. Die Bedeutung der Iren für die Karolingerzeit beruht nicht in den einzelnen Persönlichkeiten, sondern in dem breiten Nährboden, den sie alle einer für das Festland neuen geistigen Kultur darbieten. Sie sind keine Schöpfer, sondern Mittelsmänner. So handelt der folgende Abschnitt nicht mehr über Sedulius, sondern über die griechischen Evangelien, die griechischen Briefe des Paulus, den Horaz und Priscian, den er und seine Freunde uns geschrieben haben.

2. Von Sedulius und seinen irischen Genossen geschriebene Handschriften.

Der griechischen Palaeographie[1]) sind seit Montfaucon die griechisch-lateinischen Bibelhandschriften aufgefallen, die, im 9. Jahrhundert von Iren in einer eigentümlichen Unciale geschrieben, von ihr als iroschottische bezeichnet werden.

Der Bibelkritik[2]) fielen dieselben Handschriften auf durch die eigentümliche Stellung, die sie in der Geschichte des Textes einnehmen, sowohl des griechischen als des lateinischen. Mit diesem hatte sich auch die vulgärlateinische Forschung zu beschäftigen.

Die Celtologie[3]) fand in einer dieser Handschriften wertvolle Ueberreste irischer Sprache als Glossen an den Rand geschrieben und stellte sie zusammen mit den irischen Glossen anderer, nichtbiblischer Handschriften derselben Zeit.

Eine Handschrift endlich, welche schon im celtologischen Kreis steht, erregte die Aufmerksamkeit der klassischen und mittelalterlichen Philologie durch den Schatz der Abschriften und Originale, den sie barg und für den man gern eine chronologische Marke gefunden hätte.

Für uns hier gehören diese Handschriften zusammen, weil sie der Feder des Sedulischen Kreises entstammen. Die Stellung des vorliegenden Problems verdanke ich dem Sedulius, die Anleitung zu seiner Beurteilung H. Zimmer, der für seine Zwecke schon drei der in Betracht kommenden Handschriften zusammenstellte und nur die vierte ausliess, die, ohne irische Glossen, für ihn keinen Belang hatte. Er war auch auf dem Wege der Lösung, den ihn aber zu verfolgen Nigra hinderte, der einen andern einschlug. Aber ich muss auch erwähnen, dass schon im vorigen Jahrhundert die griechisch-lateinischen Bibelhandschriften der Schrift nach mit dem Psalter des Sedulius verglichen wurden und dass Ernst Dümmler in jener Handschrift, die

1) Vgl. ausser den Palaeographieen W. Reeves The life of St. Columba written by Adamnan Dublin 1857 S. XX und F. H. Scrivener's Einleitung zum Codex Augiensis Cambridge 1859. Das von Fumagalli in seiner Paleografia Mailand 1890 S. 38 dem Thompson'schen Text angefügte Evangeliarum der Laurentiana ist nicht in irischer, sondern in wirklich griechischer Schrift von einem Griechen geschrieben.

2) F. Delitzsch Ueber iroscottische Bibelhandschriften Zeitschrift f. lutherische Theologie XXV (1864) S. 217; L. Ziegler, Italafragmente der Paulinischen Briefe Marburg 1876 S. 28.

3) Neben Nigra's Arbeiten vgl. vor allen Zimmer Glossae Hibernicae Berlin 1881

sowohl der keltischen als der klassischen und mittelalterlichen Philologie Stoff bot, Verse des Sedulius selbst zu entdecken glaubte.

Ein äusseres Merkmal der Zusammengehörigkeit der vier von uns zu behandelnden Handschriften sind neben der Schrift die an den Rand geschriebenen Eigennamen, die in verschiedenster Weise bald ein blosses Allegat des Schreibers auf ein ihm bekanntes Buch bedeuten, bald ein Admonitum: einen sachkundigen Freund nach dem Näheren befragen zu wollen, bald einen Hinweis, dass die betreffende Stelle beziehungsreich auf ein Zeitereignis angewendet werden könne; die mitunter aber auch nur eine zum Text nicht gehörige gelegentliche Notiz oder den Vermerk geben, dass ein anderer Schreiber seine Thätigkeit beginnt. Ausserhalb der hier besprochenen Handschriften ist mir eine derartige Verwertung der Ränder unbekannt, und ich glaube, schon dies würde genügen, die Handschriften derselben Schule zuzuweisen. Ich gebe erst Allgemeines über die Handschriften, stelle dann die Adnotate tabellarisch nebeneinander und bespreche diese schliesslich.

1. Irische Handschrift des Priscian, Stift-bibliothek von SGallen 904 (Scherrer's Katalog S. 319 fg.), beschrieben von C. Nigra Reliquie Celtiche I Torino 1872 Il manoscritto Irlandese di S. Gallo; Beginn einer vollständigen Ausgabe der irischen Glossen durch Ascoli Il codice Irlandese dell' Ambrosiana vol. II. Torino 1879 flg. (oder Archivio glottologico Italiano VI). Facsimile der einzelnen Hände bei Nigra, einer Seite bei Ascoli. Am Rande viel irische Namen, Heilige und einige Daten aus der irischen Geschichte. Nachgetragen ist ein Gedicht an Bischof Gunthar von Köln, herausgegeben zuletzt von mir Poetae Carol. III 238 ffg.; zwar in karolingischer Minuskel und nicht in der Niederschrift des Dichters, aber die Orthographie weist es einem Iren zu, und dass die Iren auf dem Kontinent oft ihre nationale Schrift aufgaben, ist bekannt; soviel ich sehe, aber doch nur die, welche in jugendlicheren Alter die Heimat verliessen. — Ich stimme Nigra bei, welcher vermutet, dass die Handschrift, von wandernden Iren auf das Festland gebracht und erst spät der Stiftsbibliothek einverleibt, in der ersten Hälfte des 9. Jahrhunderts in einem irischen Kloster geschrieben wurde. Die Iren, welche die Handschrift mit sich brachten, sind Zeitgenossen des Sedulius.

2. Vollständige Handschrift der vier griechischen Evangelien mit lateinischer Interlinearversion, Stiftsbibliothek von SGallen 48 (Scherrer's Katalog S. 20 fg.), vollständig im Facsimile herausgegeben und gut bevorwortet von H. C. M. Rettig Antiquissimus quatuor evangeliorum canonicorum codex Sangallensis Turici 1836; besseres Facsimile, aber mit falscher Datierung, in The palaeographical society Series I pl. 179. Im Bibelapparat Δ. Die lateinische Uebersetzung für sprachliche Zwecke ausgenützt von H. Rönsch Vollmöller's Romanische Forschungen I (1883) S. 419 ffg. Am Beginn ein Gedicht des Pseudo-Hilarius, nach Rettig herausgegeben von Pitra und Peiper Cyprian Seite 270, am Schluss das Gedicht eines Iren mit dem ersten Vers in griechischer Schrift und Sprache, das ich in Poetae Carol. III 1 übersehen habe.

Palaeographisch interessant ist das Wirken dreier Schreiber in der Handschrift: der griechisch-lateinische Text von irischer Hand, die der des Sedulischen Psalter nahe steht; Prolog u. s. w. gleichzeitige karolingische Minuskel; vorn und hinten die beiden Gedichte von einer jüngeren irischen Hand und zwar derselben, wenn ich nicht irre, welche den grössten Theil des gleich zu erwähnenden Bernensis geschrieben hat. — Sedulius wird an einer Stelle erwähnt, Gunthar und Fergus nicht: vermutungsweise kann Fergus als der Schreiber bezeichnet werden.

3. Codex Boernerianus der Briefe des Paulus, griechisch mit lateinischer Interlinearversion, jetzt in der kgl. Bibliothek zu Dresden. Fast vollständig herausgegeben von Ch. F. Matthaei XIII. Epistolarum Pauli codex Graecus cum versione Latina veteri vulgo antehieronymiana Misenae 1791; in unzureichendem Facsimile zwei Seiten, fol. 23 und fol. 86. Im Bibelapparat *g*[1]). Die lateinische Uebersetzung ausgenützt von H. Rönsch Hilgenfeld's Zeitschrift für wissenschaftliche Theologie XXV (1882) S. 488, XXVI (1883) S. 73 und 308. Die Marginalvermerke bei Zimmer Glossae Hibernicae S. XXXIII ffg., die irischen Verse ebenda S. 265; vgl. Supplementum S. 14. Am Schluss der Handschrift das Fragment aus einer Erklärung eines *Marcus monachus* griechisch und lateinisch, vom Schreiber der Handschrift nachgetragen. Ich halte es für fast gewiss, dass Sedulius die Handschrift geschrieben hat. Die Facsimiles Matthaei's reichen nicht aus, dies palaeographisch durch einen Vergleich mit dem Psalter zu begründen: aber den Beweis gibt das *Collectaneum* des Sedulius *in Pauli epistolas*, welches derselben eigenartigen Uebersetzung[2]) folgt wie *g*: nur ist im Druck jedesfalls Vieles nach der Vulgata abkorrigiert. Auch hat Sedulius bei der Abfassung des Collectaneums, wie er ausdrücklich hervorhebt, einen griechischen Text zur Hand. Ja auf dieses Collectaneum selbst scheint mir der Schreiber einige Male am Rand verwiesen zu haben: fol. 11ʳ 65ᵛ 85 mit *collecta(neum)*. Der Name des Sedulius selbst fehlt am Rand, dagegen ist (Bischof) Hartgar erwähnt, ebenso Gunthar (von Köln).

4. Handschrift des Horatius, Augustinus (de dialectica, de rhetorica), lat. Grammatiker, eines Bruchstückes aus Ovidius (Met.), lat. Dioscorides, eines Bruchstückes aus Beda (hist. Angl.) und mittelalterlicher Gedichte in der Berner Stadtbibliothek 363 (Hagen's Catalog Seite 347 ffg.). Zwei Seiten in ausgezeichneter Heliogravure bei Chatelain Paléographie des classiques latins pl. LXXVI fg. Hagen und Chatelain verzeichnen die ältere Litteratur; nach ihnen beschrieb die Handschrift mit ihren wert-

1) Dass *A* und *g* Theile einer und derselben Handschrift sind, ist sehr oft gesagt, aber nie bewiesen worden und im höchsten Grade unwahrscheinlich.

2) Ich will den charakteristischsten Beleg geben. Galat. 5, 10 hat der Boernerianus (*g*): *φυραμα ζυμοι*, seine lat. Interlinearversion *massam corrumpit vel fermentat*; sämtliche bekannte lateinische Uebersetzungen geben die griechische Variante *δολοι* und zwar mit *corrumpit* wieder, vergl. Rönsch Das Neue Testament Tertullian's S. 671, nur Sedulius im Collectaneum Migne Seite 162 bemerkt zur Stelle: '*Fermentat*', *non ut male in Latinis codicibus* '*corrumpit*'.

vollen Marginalien H. Zimmer Glossae Hibernicae S. XXXI und, unabhängig von einander, Gottlieb Wiener Studien IX S. 151 und H. Hagen Verhandlungen der 39. Vers. deutscher Phil. u. Schulm. Leipzig 1888 S. 247, so dass nunmehr wol das wichtigste Material als hervorgezogen gelten darf. Doch wäre eine Revision der gesamten Arbeit sehr wünschenswert. Nicht geleistet ist sie von A. Reuter Hermes XXIV (1889) S. 161, der, ohne es zu wissen, nur Bekanntes vorbringt. Seltsam ist die palaeographische Beurtheilung der Handschrift, die zu denken gibt: sie schwankt vom 8. bis zum 10. Jahrhundert. Die Marginalien führen uns ganz deutlich in den Kreis des Sedulius. Ebendahin weisen, wie Dümmler, unabhängig von dieser Beobachtung, bemerkt hat, die lateinischen Gedichte des Mittelalters, welche in einigen Lücken der Handschrift nachgetragen sind; herausgegeben wurden sie zuletzt von mir Poet. Carol. III 232 flg. Nur hat Dümmler darin geirrt, dass er sie dem Sedulius selbst zuweist. Die vielen Aehnlichkeiten und Uebereinstimmungen mit Versen der Cueser Handschrift der Gedichte des Sedulius erweisen die Bekanntschaft der Berner Gedichte mit diesen oder dem gemeinschaftlichen Original, zugleich aber, dass die Berner Gedichte ein Cento sind, wofür auch das oft wörtliche Plündern anderer Dichter spricht. Auch hat Sedulius nie ein Akrostichon gemacht, und die Metrik ist nicht ganz gleichartig. Die Verse gruppieren sich um den Aufenthalt einiger Iren in Mailand. Ich will gar nicht leugnen, dass Sedulius auch in Italien gewesen ist[1]); und wenn ich richtig vermutet habe, dass er den Codex Boernerianus schrieb, so ist auch er es, der das kühne Wort, freilich in irischer Hülle, zu schreiben wagte:[2]) 'Wandern nach Rom macht grosse Mühe, bringt geringen Nutzen. Den (himmlischen) König, den du zu Hause suchst (vermissest), wenn du ihn nicht mit dir trägst, nicht findest du ihn (dort). Gross ist die Thorheit, gross die Verrücktheit, gross der Sinnenverlust, gross der Wahnsinn: denn es ist sicher (nämlich "Wandern nach Rom") ein in den Tod gehen, ein den Unwillen des Sohnes der Maria auf sich ziehen'. Aber wir haben gesehen, dass neben Sedulius seine Genossen in derselben Richtung, wie er, thätig sind. Und 855, während Sedulius in Lüttich die Stuhlbesteigung Franco's feiert, beklagt ein anderer Ire den Tod des Kaisers und Palastes in Italien[3]). Es sind also Lüttich und Mailand wol nicht Ausgangs- und Zielpunkt derselben irischen Emigrantengesellschaft, sondern es sind dort zwei irische Kolonien, die in steter Beziehung zu einander leben. Mag doch, wenn wir raten wollen, Blandus oder Beuchell der Sedulius von Mailand gewesen sein. Uebrigens aber halte ich die Berner Handschrift nicht für einen getreuen Reflex ihrer Zeit. Sie ist die Abschrift einer oder mehrer älterer irischer Handschriften[4]), und es ist nicht unmöglich, dass alle ihre Marginalien aus der Vorlage stammen. Die

1) So geht später der Ire Electus von Lüttich *causa orationis* nach Rom und kehrt nach Lüttich zurück. Neues Archiv XIII 362.

2) Ich citiere wörtlich nach der letzten Uebersetzung von H. Zimmer Preussische Jahrbücher LIX (1887) S. 52.

3) Vgl. oben S. 336.

4) Vgl. Gottlieb a. a. O. S. 155.

Gedichte, das ist sicher[1]), wurden mit allen ihren Varianten im Text fortlaufend nach einem älteren Original abgeschrieben. Und die chronologische Abfolge in ihnen bestätigt das; nach der Reihe erwähnen sie Tado Bischof von Mailand 860—868, Sofried Bischof von Piacenza um 852, Kaiser Lothar † 855, Angilbert Bischof von Mailand 824—860, wieder Tado und schliesslich Leofried, über dessen Zeit wir nichts genaueres wissen. Ich habe oben vermutend ausgesprochen, dass die hauptsächlich im Bernensis thätige Schreiberhand dieselbe ist, welche in *A* Anfang und Schluss zugefügt hat. Dies führt etwa auf dieselbe Zeit. Ich weiss nicht mehr, wo ich gelesen habe, dass Thompson den Bernensis in das 10. Jahrhundert setzt: vor dem Ausgang des 9. Jahrhunderts ist er nicht geschrieben.

Die in diesen vier Handschriften meist am Rand erwähnten Personennamen ergeben das deutlichste Bild der bestehenden Wechselbeziehungen und der trennenden Unterschiede. Sie verteilen sich folgendermassen auf die einzelnen Handschriften:

Priscianus	Evangelien	Paulus	Horatius
máelpatrik[3])			
don(n)gus[3])	don<gus>[4])	don<gus>[5])	
finguine[3])			
cobthach[3])			
follegn[3])			
fergus[3])		fergus[6])	fergus[6])
coirbbre[3])			
maelbrigtae[3])			
máellecán[3])			
ruadri[3])			
Gedicht auf Guntharius[3])		γυνθαρ[7])	
	ΓΟΤΙCΚΑΛΚ, ΓΟddICΚΑΛΚ[8])	ΓΟΔΔΙCΚΑΛΚΟC u. s. w.[9])	goddiscalcus[11])
	ΑΓΑΝΩΝ, ΑΓΑ[8])	ΑΓΑΝΟΝ u. s. w.[10])	agano eps[12])

1) Ich kenne die Handschrift; was Reuter a. a. O. S. 165 dagegen sagt, ist Konstruktion.
2) Nigra a. a. O. S. 11
3) Vgl. oben S. 347.
4) Vgl. Rettig S. XXXVI, der aber Don<atus> deutet.
5) Zimmer Glossae S. XXXIV.
6) Ebenda S. XXXV und XXXI.
7) Ebenda S. XXXIV.
8) Rettig S. XXVIII.
9) Rettig S. XXVIII, Zimmer S. XXXV.
10) Rettig S. XXVIII, Zimmer S. XXXIV.
11) Hagen S. 256, Gottlieb S. 156.
12) Gottlieb S. 152 fg., Hagen 256, Zimmer XXXII

Evangelien	Paulus	Horatius
fedul<ius>[1])	—	fed<ulius>[9])
dub<thach>. *ΔΥΒ*[2])	dub<thach>[6])	dub<thach>[10])
adal<hard?>. ad[3])		
kat<asach?>[4])		cathasach[10])
kritische Noten verschiedener Art[5])	*kritische Noten verschiedener Art*[5])	*kritische Noten verschiedener Art*[5])
Priscianus kommt hier nicht mehr in Betracht.	cōgan[7])	comgan[11])
	ioh<annes>[7])	iohannes[12])
	hart<garius>[7])	
	hild<vinus>[7])	
	angelberti[7])	
	γιεω, γιεω[7])	*Γιfu*[13])
	μαρ<κος?> *Fragm.* marci monachi[8])	
		dungal[14]), cormac[15])
		mac longáin[15])
		mac ciadáin[15]), colgu[15])
		dru<?>[15])
		dif<ergus?>[15])
		adentius eps[16])
		angel<omus> in apostolo[17])
		bigmarus[16])
		herminfrid[17])
		uago[18])
		raigmboldus[19])
		rathramnus[20])
		staginulfus[21])
		angelberga regina[22])

1) Rettig S. XXXV. — 2) Ebenda S. XXX. — 3) Ebenda S. XXX von Rettig falsch gelesen und falsch verstanden: *q* ist *quaere*. — 4) Ebenda S. XXXIII; desgl. — 5) Vgl. Rettig S. XLI fg.; Hagen 247 ffg. — 6) Rettig S. XXX, Zimmer S. XXXIV. — 7) Zimmer S. XXXIV. — 8) Siehe oben S. 348 — *μαρ* könnte auch Martianus Capella gedeutet werden, vgl. Rettig S. XXXI. — 9) Hagen S. 256 und 257, Zimmer XXXI. — 10) Zimmer S. XXXII. — 11) Zimmer S. XXXI. — 12) Gottlieb S. 154. Hagen 255, Zimmer XXXI. — 13) Hagen S. 251. — 14) Gottlieb S. 153. — 15) Zimmer S. XXXI, Hagen falsch 254. — 16) Gottlieb S. 153 fg.; Hagen 256. — 17) *hunifrid* Gottlieb S. 154 ist für denselben wol nur verlesen. Die Schrift des Angelomus, wie ich vermute, ist nicht erhalten. — 18) Ebenda S. 153 u. 155; Hagen 257. — 19) Gottlieb S. 154. Zimmer XXXII. — 20) Gottlieb S. 154 fg., Zimmer XXXII, Nigra Revue celtique II 447, Hagen 256 fg. — 21) Gottlieb S. 155, Zimmer XXXII. — 22) Gottlieb S. 158, Zimmer XXXII fg.

Was in diesem Zusammenhang die Namen Sedulius, Fergus, Guntharius, Adventius, Hartgar, Hildvin, Gotbchalk, Hinkmar, Johannes, Ratramnus besagen, ist für den Leser meiner Abhandlung ohne weiteres klar. Sie führen uns in den gelehrten Kreis der Iren, die wir kennen lernten, verweisen auf die Gönner ihrer Gelehrsamkeit, die selbst wieder Gelehrte waren, und deuten die mächtige Bewegung an, welche die Lehren Gottschalk's damals in den Gemütern entfacht hatten[1]). Nicht anders als Johannes Eriugena, ihren Landsmann, sehen wir unsere fleissigen Freunde bestrebt, überall das in klassischen und profanen Texten zu adnotieren, was gegen Gottschalk wirksam als Argument gebraucht werden könne. Die Bedeutung anderer Namen bleibt uns zunächst verschlossen; doch würde sorgsame Sammlung der Stellen, denen sie beigeschrieben sind, wenigstens zeigen, wessentwegen sie angerufen werden und welche Bedeutung sie für die Schreiber hatten: sei es, dass diese in ihren Büchern sich Rats erholen wollten, sei es, dass sie auf späteres persönliches Zusammentreffen hofften, um mündlich ihre Aporieen mit jenen verhandeln zu können. Rettig und Hagen haben mit Erfolg eine derartige Erklärung versucht. Für den Bernensis, den wichtigsten Zeugen, kann das Gewünschte freilich nur der leisten, der die Handschrift vor sich hat. Der Bernensis 363 ist überhaupt so überaus und in jeder Beziehung wichtig, dass man sich gern der Hoffnung hingeben möchte: eine gelehrte Körperschaft wolle seine vollständige Wiedergabe im Lichtdruck veranlassen und dadurch ebenso der Verallgemeinerung als der Erhaltung dieses kostbaren Schatzes einen Dienst leisten.

Zu einzelnen Namen habe ich noch Folgendes zu bemerken: Aganon kann der Bischof von Bergamo (837–867) sein, dessen schriftstellerische Thätigkeit bekannt ist. Gunthar konnte die Iren mit ihm befreundet haben. Rettig behauptet, sein Name in *J* sei überall, wo er vorkommt, erst später nachgetragen worden. Es wäre nicht unmöglich, dass *J* eine Zeit lang sich in Italien, etwa in Mailand befand.

Dubthach ist vielleicht der Ire, den wir als Schreiber des Leydener Priscian aus dem Jahr 838 kannten[2]) und der jetzt in dem interessanten Schreiben Suadbar's über Kryptographie, das Heiberg jüngst aus einer Bamberger Handschrift herausgab[3]), als am Hofe König Mermin's von Wales († 844) verweilend erscheint. Von hier aus hat er die irischen Gelehrten zum Kampf um die Palme der Gelehrsamkeit herausgefordert. Suadbar antwortet: er und seine Genossen, Caunchobruch, Fergus und Dominnach, alles Schüler des Iren Colgu, hätten das Problem gelöst. Das dreifache Zusammentreffen der Namen Colgu, Fergus, Dubthach mit Namen unserer Handschriften legt eine Kombination nahe, und S. 343 ist bereits vermutet worden, dass auch Sedulius mit dem Nachfolger Mermin's, König Ruadri, der gleichfalls in einer unserer Handschriften erscheint, in Verbindung stand.

---

1) Vgl. oben S. 340.

2) Zimmer S. XXII; vgl. Zeitschr. für deutsches Altert. XIX (1876) 147.

3) Overs. over d. K. D. Vidensk. Selsk. Forh. 1889 S. 198 flg.

Dass mit Angelberga die Gemahlin Ludwig's II. gemeint sei, hat man längst erkannt. Auch dies Zeugnis verweist nach Italien. Ich führe es noch einmal an, weil derselbe Name Engelberga auf fol. 75ᵛ der Juvencus-Handschrift 304 des Corpus Christi College in Cambridge saec. VII auf den Rand, wie Marold[1]) sagt, *litteris anglosax.* nachgetragen steht. Es sind wol irische Buchstaben, und die Cambridger Handschrift ist auch einmal durch die Hände unserer irischen Freunde gegangen.

Auch darf wenigstens vermutungsweise ausgesprochen werden, dass der Marcus monachus in *g* eins ist sowol mit dem von Sedulius gefeierten Iren Marcus als mit dem irischen 'Bischof' Marcus, der ganz kurze Zeit nach Sedulius auf den Kontinent kommt, sich in SGallen mit seinem Neffen Moengal sesshaft macht und von so grosser Bedeutung für die Entwickelung dieses Klosters wird[2]).

Wattenbach hat die Vermutung ausgesprochen, dass die Iren — und zwar Sedulius und seine Freunde — auf der Fahrt von Lüttich nach Mailand in Salzburg Aufenthalt nahmen, da um die Mitte des 9. Jahrhunderts auch von dorther von Iren gefertigte, freilich viel unbeholfenere Gedichte sich vernehmen lassen[3]). Wir haben oben auf den Zusammenhang des jüngeren Dungal, der einen Salzburger Freund hat, mit Sedulius hingewiesen[4]); und die Vermutung Wattenbach's scheint uns gerechtfertigt, wenn sie auch weiter sich nicht begründen lässt. Aber auch ohne diesen Zug wäre das gelehrte Stillleben, in das uns die vier irischen Handschriften Einblick gaben, bedeutend genug. Doch muss ich es mir für heute versagen, den Leser zu noch eingehenderer Betrachtung aufzufordern. Wann aber der Tag gekommen ist, eine Geschichte der Philologie im Mittelalter zu schreiben, dann wird, wer sie zu schreiben wagt, indem er das Andenken dieser zwar bettelarmen und doch in ihrer Zeit so reichen Emigranten segnet, noch einmal vor diesem Schauspiel dankbar verweilen.

3. Kenntnis des Griechischen bei den Iren zur Zeit Karl's des Kahlen.

Was es zu jener Zeit im Occident heisst: das Neue Testament griechisch nicht nur haben lesen, sondern auch schreiben, nicht nur haben schreiben, sondern auch haben verstehen zu können, wird nur der richtig beurteilen, der da weiss, dass die Leute, die das damals konnten, an den Fingern einer Hand zu zählen sind.

Noch bleibt der grosse Name Athen und Homer auch für diese Epigonen, noch übt er einen gewissen romantischen Reiz; aber sein Inhalt hat sich verflüchtigt. Der Dichter Angilbert, den seine Genossen den Homerus nannten, hat keinen griechischen Buchstaben zu malen vermocht, und in der kaiserlichen Pfalz, die man beginnt, mit Athen zu vergleichen[5]), hat man Griechisch nur etwas getrieben, um sich mit dem

1) Juvenc. S. VIII.

2) Meyer von Knonau zu den Casus SGalli S. 9.

3) Deutschlands Geschichtsquellen⁵ I 274.

4) Vgl. oben S. 336 und S. 319.

5) Die Stellen Alchvine's u. Notker's zuletzt bei Friedrich zu Döllinger's Pabstfabeln² S. 52.

oströmischen Kaiser zu verständigen. Aber die alten griechischen Flicken, die man aus Glossarien und Commentaren trennte, um sein Buch damit zu zieren, und die wir heute verwünschen, waren der Pupur des damaligen Dichtergewandes nnd sind in ihrer Hässlichkeit doch rührend. So rührend wie der Klosterschüler Purchard, der zur Hadawiga fleht:

Esse velim Grecus, cum sim vix, domna, Latinus.

Was in Frankreich von Resten einstiger griechischer Kultur die Völkerwanderung standhaft überdauert hatte[1]), ist längst zur Ruhe bestattet. In dem und jenem Kloster lebt ein griechischer Mönch. Gelehrte Fragen ergehen an ihn und noch nach Jahren preist man sich glücklich, eine Auskunft aus so eingeweihtem Mund erhalten zu haben[2]). Da beginnt es unter der Regierung Karl's des Kahlen sich zu regen: die Krämer der Weisheit kommen, die irischen Philosophen. Zwar haben sie im Frankenreiche nie ganz gefehlt, aber jetzt kommen sie in Schaaren und werden eine geistige Macht. Frau Griechenland, wie ein Zeitgenosse sagt[3]), wird klagend darob von frischen Stacheln des Neides geplagt, weil ihre Privilegien auf dein Reich, o Karl, übergehen. Man glaubt, sie klagt, weil die Griechen in Karl's Reich ziehen. Der Schriftsteller meint aber vor allem auch die Iren, die für die damalige Zeit das Griechentum vertreten. Sie lesen und schreiben griechisch, sie können es übersetzen, ja bisweilen unterstehen sie sich, griechische Verse zu machen. Wer in den Tagen Karl's des Kahlen Griechisch auf dem Kontinent kann, ist ein Ire, oder zuversichtlich: es ist ihm die Kenntnis durch einen Iren vermittelt worden, oder das Gerücht, das ihn mit diesem Ruhm umgibt, ist Schwindel. Den ganzen Fortschritt kennzeichnet es, dass das Exemplar des Dionysius Areopagites, das einst Pabst Paul I. an König Pippin geschenkt hat, erst jetzt der Ire Johannes verstehen und Karl dem Kahlen übersetzen kann.

Wir wollen hier nicht untersuchen, wie es kam, dass die Iren die griechische Sprache zwar nicht beherrschten, aber doch leidlich handhabten. Das ist eine Frage, auf welche die zureichende Antwort nur mit der Beantwortung auch einer kunstgeschichtlichen Frage gegeben werden kann. Aber wie erhielt sich diese Kenntnis

---

1) Bonnet Le latin de Gregoire de Tours S. 53; vergleiche d'Arbois de Jubainville Introduction I 379.

2) Der *Eufemius Graecus* bei Christian von Stavelot Dümmler Sitzungsberichte der kgl. preuss. Ak. 1890 S. 6. Der *Graecus quidam* bei Lupus von Ferrières Traube Poet. Carol. III S. 72 Anm. 1.

3) Die bekannte Stelle Heiric's von Auxerre lautet nach der besten Pariser Handschrift, die mein verehrter Freund Harster verglichen hat, so: *Luget hoc Grecia novis invidiae aculeis lacessita, quam sui quondam incolae iam dudum cum Asianis opibus aspernantur, vestra potius magnanimitate delectati, studiis allecti, liberalitate confisi. dolet inquam se olim singulariter mirabilem ac mirabiliter singularem a suis destitui, dolet certe sua illa privilegia quod numquam hactenus verita est ad climata nostra transferri. quid Hiberniam memorem contempto pelagi discrimine paene totam cum grege philosophorum ad littora nostra migrantem, quorum* ⟨quo ich⟩ *quisque peritior est ultro sibi indicit exilium, ut Salomoni sapientissimo famuletur ad votum*

damals, wie wurde sie gepflegt, welches waren die Hilfsmittel der Iren beim Lernen und Lehren?

1. Schon oben haben wir gesehen, dass Sedulius sich wahrscheinlich mit den Uebungsstücken des sogenannten Dositheus abgegeben hat. Dies war ein praktisches Hilfsmittel ersten Ranges, und ich denke mir, dass es auf uns überhaupt nur dadurch gekommen ist, dass die Iren sich seiner bedienten.

2. Des Macrobius' Buch 'De differentiis et societatibus Graeci Latinique verbi' ist uns überliefert hauptsächlich durch die Excerpte, die ein gewisser Johannes daraus genommen hatte. Immer hat man vermutet, dass dies Johannes Eriugena müsse gewesen sein[1]). Der endgiltige Beweis wird dadurch geliefert, dass ein Theil der Excerpte in der Laoner Handschrift 444 steht, in einer Handschrift also, die durchwegs geschrieben ist von dem Iren Martin, der, wenn nicht als Freund des Johannes, doch als der Verwalter seiner geistigen Habe zu bezeichnen ist. Er hat die Gedichte des Johannes gesammelt, die griechischen Wörter aus ihnen gezogen und kommentiert und diese Arbeit gleichfalls der Laoner Handschrift einverleibt. Martin war Lehrer in Laon und starb dort 875[2]). Wir haben oben[3]) gesehen, dass auch Sedulius in seinem Commentariolum zum Eutyches das Buch des Macrobius kennt: es bliebe noch zu untersuchen, ob nur den Auszug des Johannes oder das vollständigere Original desselben. Aber die Thatsache bleibt bestehen: auch die vergleichende Formenlehre des Macrobius ging durch die Hände der Iren.

3. Wie sich die Iren die älteren Glossarwerke für ihre Zwecke aneigneten, zeigt neben der Laoner Handschrift das von M. Petschenig aus einer Handschrift von SPaul in Kärnthen herausgegebene griechisch-lateinische Glossar, das ein Ire im 8.(?) Jahrhundert geschrieben hat[4]). Den Zusammenhang desselben mit den Glossae des 'Servius' hat G. Goetz nachgewiesen[5]). Früh verquickten sich mit derartigen Glossaren Deklinationsparadigmata.

4. Vorhandene Interlinearversionen griechischer Stücke in lateinischen Schriftstellern oder ganzer griechischer Schriftstücke erweiterten die Kenntnis der Sprache und regten ihrerseits zu gleichartiger selbständiger Arbeit an. Die lateinischen Interlinearversionen der Graeca des Priscian[6]) und des Lactantius[7]) seien die Beispiele. Ich wage hier auch die Behauptung, dass, wo Graeca in lateinischen Schriftstellern sich erhalten haben, dies auf irischen Einfluss zurückzuführen ist. Die griechischen Buch-

1) Zuletzt der letzte Herausgeber Keil Grammatici Latini V 595 fg.
2) SS. XV 2 S. 1294 und unten S. 362.
3) Vgl. S. 340.
4) Wiener Studien V (1883) S. 159 fg.; vgl. Zimmer S. XXXVIII
5) Corpus Glossarior. II S. XXXVII und XXVI.
6) Vgl. die Handschrift aus Laon bei Miller S. 118 fg. und L. Müller Fleckeisen 1867 S. 506.
7) Oben S. 345.

staben, in denen solche Stücke geschrieben sind, geben sich als die Ueberreste der griechischen Unciale der Iren. In diesem Zusammenhang wird es für mich wichtig, dass die beste Handschrift des Rhetor Seneca, die Brüsseler 9581—9595 (B) zwar nicht ein Glied der zusammengehörigen Serie der Cueser Handschriften ist[1]), aber gleichfalls von Nicolaus von Cues erworben und dem von ihm gestifteten Hospital geschenkt wurde. So mag sie doch schliesslich auch denselben Ursprung haben, wie der Codex der Excerpte und der Gedichte des Sedulius. Und wir dürfen denken, dass wir es einem Iren in Lüttich zu danken haben, dass nicht gerade überall die Handschriften jetzt versagen, wo uns der liebenswürdige alte Herr durch ein *hanc belle dixit sententiam* erst neugierig macht und die unliebenswürdige Ueberlieferung dann so häufig mit einem 'Graeca sunt, non describuntur' darauf antwortet.

Anmerkungen zu Sedulius Scottus.

1. Homonyme.

Zu S. 338.

Ein Sedulius z. B. ist mit einem Fulcharius als Schreiber einer Handschrift der Grammatik des Cruindmelus bekannt: vgl. die Schreiberverse bei Dümmler Poetae Carol. II 681. Weder kann dieser Schreiber Fulcharius als Verfasser der Ars, wie Herr Huemer will, angenommen werden, noch darf man mit ihm die *fludue* aus dem etwas freien Schlussverse der Schreiber herauskonjicieren. — Die Akten des Römischen Concils von 721 unterschrieben *Sedulius episcopus Britanniae de genere Scottorum* und *Fergustus episcopus Scottiae Pictus* (vergl. Haddan and Stubbs Councils II Seite 7 und 116). Auf Grund dieser Unterschrift hat Th. Dempster († 1625) in seiner Historia eccl. gentis Scottorum (vergl. Ussher Antiq.[2] S. 408) für die beiden Bischöfe Titel von Schriften zurechtgefälscht. Ich hätte ihn als Ausschreiber des Haleus Karolingische Dichtungen S. 42 erwähnen sollen.

2. Handschriften der Werke des Sedulius.

Zu S. 340 flg.

a) Collectaneum in epistolas Pauli.

Von Handschriften weist mir Dümmler nach 1) Rheinauer vgl. Haenel 736. 22 s. X. 2) Fulder vgl. Archiv VIII 625 s. XI. 3) Bamberger vgl. Jäck I 137 s. XII. Der Brief Alchvines in der Fulder ist öfters einzeln überliefert; ausser in den von Jaffé Mon. Alc. S. 403 verzeichneten Hss. steht er auch im Casanatensis s. IX vgl. Reifferscheid Bibl. patr. I 173. — Einfluss dieser Schrift auf die folgende exegetische Litteratur scheint A. Resch anzunehmen 'Agrapha' Harnack's Texte und Untersuchungen V 4 S. 422.

1) Oben S. 341.

b) Collectaneum in Mattheum.

Eine Handschrift war im Jesuitenkolleg von Clermont, dort benutzten sie Labbe und Sirmond vgl. Engelbrecht Studien über die Schriften des Bischofs von Reii Faustus Wien 1889 S. 82, dann kam sie an Meermann als 426 vgl. seinen Katalog II 66, von Meermann an Sir Thomas Phillipps als 1660; jetzt in Berlin? Eine Wiener Handschrift s. X vgl. Denis Codd. mscr. I a 294, auf die mich Dümmler verweist.

c) Erklärung zum Brief des Hieronymus u. s. w. Calliopius.

Handschrift Vatic.-Palat. 242 s. XI aus Frankenthal (Katalog S. 69), die die Erklärungen der auf die Evangelien bezüglichen Stücke in der oben S. 340 befolgten Reihe hat. Die Argumente (des Hieronymus? vgl. Wordsworth a. a. O. 15) stehen nicht in der Handschrift. Die einzelnen Stücke, getrennt, kommen auch in anderen Handschriften vor. Im Palat. geht ohne Ueberschrift voraus *Liber generationis Moyses librum generationis caeli et terrae* fol. 1ᵛ—8 und *Quamvis capitulorum numerus in fronte* fol. 9, beides könnten Excerpte des Sedulius sein, das erste aus dem Onomasticum des Hieronymus. Doch kann die Stücke ebensogut der ein- und nachgetragen haben, welcher die Sammlungen des Sedulius sich zu Unterrichtszwecken zurecht machte. Denn als das 'Heft' eines Lehrers präsentiert sich dieser erste Theil der Handschrift, die hier mit Nachträgen, Erklärungen und ahd. Glossen (hg. von Bartsch Altd. Hss. der Heidelberger Bibl. S. 184 f.) bedeckt ist. — Aus dem folgenden Theil des Palat., der späterer Zeit angehört, hebe ich die parodistische, einem Terenzexemplar nachgebildete Subscriptio unter der Satire auf Urban II. hervor: *ego calliopius recensui* fol. 73.

d) Commentariolum in artem Euticii.

Eine von Hagen nicht benutzte Handschrift, die schon Usher Antiq.^{2} S. 108 erwähnt, besprochen von Thurot Revue celtique I 264. Eine der Hagen'schen wird die sein, aus der Ebel in Zeuss Grammatica Celtica^2 XLII Mittheilung macht; vgl. Zimmer Glossae Hibern. S. 228. Stand die irische Glosse *olligeonda* (Hagen 2, 3; nach Zimmer = *amplificatio de eo*) ursprünglich im Text, so dürfte Sedulius die Schrift noch in Irland verfasst haben, wofür auch *rogatu fratrum* (Hagen 1, 8) spricht. Das dieser Glosse folgende *galathas cum regula* bedarf noch der Aufklärung. — Handschriften des Eutyches selbst, von irischer Hand und mit irischen Glossen, wenigstens die erste, sind zwei bekannt: die Wiener bei Zimmer a. a. O. und Keil Gramm. lat. V. 442 und die Pariser, die ich nur aus Schultze's Verzeichnis N. 45 kenne (Centralblatt für Bibliothekswesen 1889 S. 291).

e) Commentar zum Priscian.

Eine Handschrift in Leiden erwähnt L. Müller Rhein. Mus. XX 359. Ueber das Verhältnis der irischen Grammatik zu Priscian bedarf es nach den Veröffentlichungen von Hertz, Nigra und Ascoli keines Wortes mehr. Zuletzt darüber Klotz Römische Metrik 563 f.

f) Commentar zum Donat.

Hs. Tours Bibl. de ville n. 416 (s. XI/XIV) Thurot Rev. celt. I 264. — Ein Commentar zur Ars maior des Donat bleibt zweifelhaft, vgl. L. Müller a. a. O.

g) De regimine principum.

Die Handschrift Mai's ist gewiss dieselbe, die Goldast benutzte, vgl. oben S. 340; die Handschrift Freher's gewiss die jetzt Bremer, welche Dümmler Neues Archiv III 187 bekannt macht; sie enthält die auch von Freher herausgegebene Metzer Bischofsliste des Paulus. — Es bleibt noch zu untersuchen, welchen Einfluss die Schrift des Sedulius auf die späteren Fürstenspiegel, die gleichfalls häufig *De regimine principum* überschrieben sind, ausgeübt hat.

h) Brüsseler Handschrift 10615–729 (Cusanus der Gedichte des Sedulius).

Gedichte Sedul's nach einem Original aus Lüttich. Die in der Brüsseler Hs. erhaltenen Gedichte eines Theodericus (wie der versificirte Solin) könnten Abt Theodericus von Lobbes zum Verfasser haben. Vergl. über ihn Stallaert et v. d. Haeghen De l'instruction publique au moyen âge Brüssel 1850 S. 62 flg. Ihre Verstechnik ist dieser Zeit entsprechend.

Fremde Bestandtheile in den Gedichten des Sedulius. Wenn G. B. de Rossi in den Inscript. Christ. II 1 S. 282 sagt, dass in der Sammlung der Sedulischen Gedichte vieles stände, was nicht von Sedulius sei, so könnte das nach der ungeschickten Compilation von Bellesheim Geschichte der kathol. Kirche in Irland Mainz 1890 I 288 mit Bezug auf meine Ausgabe gesagt erscheinen. Es bezieht sich aber auf die Sammlung in der Handschrift selbst. Und ich glaube alles kenntlich gemacht zu haben, was entweder dem Sedulius in ihr nicht gehört oder nicht gehören könnte. Weder habe ich, wie Dümmler, die Gedichte der römischen Inschriftensammlung (S. 226), noch wie Pirenne, die Excerpte aus Paulinus Nolanus (S. 232) als Gedichte des Sedulius herausgegeben.

Nachträge zum Inhalt der Handschrift. Nach mir haben sich noch die Bollandisten Catalogus codd. hagiographicorum bibliothecae Bruxell. I 2 Brüssel 1889 S. 394 flg. mit der Handschrift beschäftigt. Meiner Beschreibung Poet. Carol. III S. 152 flg. habe ich folgendes nachzutragen. Zum sermo Nili monachi fol. 11 vgl. Traube Wölfflin's Archiv VI 167. Zu fol. 71 *Hactenus ex retito* vgl. Mone Anzeiger für Kunde der teutschen Vorzeit VIII (1839) S. 597. Zu fol. 76 Notker: Traube Zeitschrift für deutsches Altertum XXXII 388 und Piper Zeitschrift für deutsche Philologie XXII 277, der aber die Poet. Carol. hätte nachschlagen sollen; übrigens gehört 74 u. 75 zwar als Binio zusammen, aber 75 hat andere Schrift und anderes Pergament. Zu fol. 194: das Gedicht *Linea Christe tuus prima est quae continet annos* gab heraus Burmann Anthol. lat. II S. 373, Hug Rhein. Museum XVII 612, Jaffé Monum. Corbeiensia S. 29, vergl. Riese Anthol. lat. II S. XX und Loewe-Hartel Bibliotheca patrum Lat. Hispan. I 316; die Verse sind nicht leoninisch und die älteste Handschrift ist 9/10. Jhd. Zu fol. 99: die Collation Bursian's ist in unserer Bibliothek, vgl. Kauffmann De Hygini memoria Breslau 1888. Zu fol. 204: vgl. W. Meyer Die Berliner Centones . . des Dracontius Sitzungsberichte der kgl. preuss. Akad. 1890 S. 257 flg.

Die Ausgabe des Winricus (fol. 173) von F. X. Kraus in Jahrbücher des Vereins von Alterthumsfreunden im Rheinlande L (1871) 233 flg. hatte ich schon früher erwähnt. Ich will aber doch nachtragen, dass sie gänzlich unbrauchbar ist. Mit einer Scheingenauigkeit im Wiedergeben der Abkürzungen, die Epigraphiker manchmal zum Schaden der Sache auf Angaben aus Handschriften übertragen, wo Genauigkeit in diesen Dingen Sinn nur bei handschriftlichen Copien von Inschriftentexten hat, verbindet sich hier eine staunenswerte Ignoranz in der Palaeographie. Aus meinen Stichproben hebe ich nur Einzelnes aus: die Abkürzungen von *quid quod qua quo* werden fast regelmässig falsch aufgelöst, desgleichen wird für *nisi* häufig gelesen *ni*, v. 20 *lucens* für *lucis*, 29 *sure* für *scire*, 96 *in* für *sunt*, 121 *platrix* für *populatrix*, 137 *curtis* für *castris*, 352 *pecora* für *peiora*, 356 *tali* für *toti*, 360 *spes* für *species*, 364 *praeparare* für *properare*, 373 *si* für *sed*, 379 *patria* für *passim*, 382 *famiferam* für *fumiferam*, 388 *temperare* für *temptare*. Die Hieroglyphe v. 147 bei Kraus ist nichts als *transuerea*; v. 63 schreibt Kraus:

'*ex quo diversum fuerit secum noscere bellum*'

und in der Anmerkung: '*secum* in marg. cod. Im Text scheint *sunt* gestanden zu haben'. Was hat die Handschrift?

ex qua diversum fuerit fas noscere bellum

und marginal zum letzten Wort *vel secum*. Und das alles sind nur ziemlich blind von mir herausgegriffene Proben. Dass es mit der kritischen Beurtheilung des so mangelhaft Gelesenen nicht besser steht, brauche ich wol nicht eigens zu sagen.

b) Psalterium der Arsenalbibliothek in Paris.

Beschrieben wurde es zuerst von Montfaucon Palaeographia Graeca vgl. Index S. 547 s. v. Sedulius; ihm folgten die späteren Palaeographien, bis H. Omont in den Mélanges Graux Seite 313 unter 8 eine neue Beschreibung und eine vorzügliche Heliogravüre gab. Dann hat Brandt die Handschrift zum Lactantius verwertet, vgl. seine Einleitung S. CIV flg. Ich verdanke ausserdem einige Notizen der grossen Güte Leopold Delisle's.

3. Abkürzung von Eigennamen.

Zu S. 342.

Die vorausgesetzte Abkürzung des Namens durch den Anfangsbuchstaben ist für die karolingische Zeit nicht ganz selten, z. B. *HL. Rex* für König Ludwig im clm. 14743 bei K. Foltz Geschichte der Salzburger Bibliotheken; *HL.* für *Hludoricus* im Sirmond'schen Codex der Revelationes des Audradus bei Du Chesne SS. II 391 (vgl. unten), wo die Neueren falsch *Hlotharius* auflösen. *D. K. Ḡ. servorum dei extimus* in der Ueberschrift der von Manitius herausgegebenen geographischen Compilation, wo Dümmler *Domno Karolo* erkannt hat, *Ḡ* (oder *Ō*) noch nicht aufgeklärt ist; anderes im Parisinus der Briefe des Lupus u. s. w. Zu trennen davon ist der Gebrauch in Formeln, die Eigennamen durch N oder ill zu ersetzen, oder die Buchstaben ausser dem ersten und etwa der Endung zu radieren, wie es z. B. im Sangallensis 869 vorkommt. Ich führe gerade diese Handschrift an, um zwei Verse zu besprechen, die dadurch unverständlich geworden sind. Bei Dümmler Poet. Carol. II S. 408 c. LX v. 4 steht nach dem Sangallensis

Pectore sub fido devotus nuntiat N.

Dümmler vermutet *Strabo*, was ein metrischer Fehler wäre; am Rand hat die Handschrift *notho*, was wol in *N* = *Otho* aufzulösen ist. Ebenda S. 309 c. LI v. 13 hat dieselbe Handschrift:

Abbas quod transmisit laude colendus.

Der Name ist radiert, Mabillon vermutete *Grimald*, aber das wäre gegen die Leoninitas; vielleicht stand *Strabus* da. — Eine andersartige Verdunkelung eines Eigennamens führe ich aus Modoin's Gedicht an Theodulf an. Bei Dümmler Poet. Carol. I S. 572 v. 119 ist gedruckt:

Idcirco hunc nostrum missum direximus ad te:
Quaecumque, ut mandas, ille mihi referet.

Die nicht interpolierte Handschrift hat aber *huc nostrum*, und das ist richtig: der Bote hiess *Huc*.

4. Ludwig II. siegt 848 über die Saracenen.

Zu S. 342.

Dümmler setzt Gesch. des Ostfr. R.[2] I 307 die Saracenenschlacht in das Jahr 848, Mühlbacher Reg. S. 430 in das Jahr 852. Ich kann Dümmler's Annahme durch einen neuen Beweis stützen. — Auch Mühlbacher nimmt nach den Quellen an, dass Ludwig, von Bassacius Abt von Montecassino gerufen, nach Italien zieht. Kurze Zeit darauf stirbt Bassacius (Chronic. Casinens. c. 12 bei Bethmann-Waitz SS. hist. Langob. 474 38). Wenn man das Todesjahr des Bassacius kennt, hat man einen Anhalt zur Lösung der chronologischen Aporie. Im Allgemeinen erschliesst man es aus der Zeit der Abtschaft seines Nachfolgers, des Berthari von Montecassino. Diese scheint durch das Zeugnis des Leo von Ostia (SS. VII 577; 601; 610) festzuliegen, 856—883. Aber diese Zahlen sind von Leo nur aus eben unserem Cap. 12 der Chronic. Casin. erschlossen und zwar falsch, indem er annahm: Ludwig sei erst nach dem Tod des Vaters (855) nach Italien gekommen. Auch das Todesjahr des Berthari beruht auf Leo's Konjektur, das aber kommt hier nicht in Betracht; ebensowenig das Zeugnis des Catalog. Abbat. Casin. (bei Bethmann-Waitz

S. 469 21) über Berthari's Abtschaft, das nicht primär ist und jedenfalls auf einen Fehler zurückzuführen ist, vielleicht nur auf einen des Druckers. Es lässt sich nun aber nachweisen, dass Berthari 848/49 Abt wurde. Deshalb muss Bassacius vorher gestorben sein, und Ludwig ist also nicht **nach** dieser Zeit nach Italien gekommen; wol aber vereint es sich mit dem Wortlaut der Chron. Casin., dass er **um** diese Zeit gekommen ist. Es ist nicht zu bezweifeln, dass die Chronic. Casin. 867 in einem Zug verfasst ist (vgl. Bethmann-Waitz S. 467 und Biblioth. Casin. IV, 17 flg.). Dann aber ist nicht abzusehen, weshalb das letzte Kapitel, das sich als Rekapitulation gibt, mit den folgenden synchronistischen Tabellen aus späterer Zeit sein soll. Man hat diese auch bis jetzt, indem man es annahm, nicht verstehen können. Die letzte Zahl, welche die Tabellen für den Abt von Montecassino anführen, ist Jahr 19 des Abts Berthari. Dies muss entsprechen dem Jahre der Abfassung der Chronik 867. Dann erhalten wir für den letzten Synchronismus folgende chronologische Auflösung:

	Hludowicus imp.	*Berthari abbas.*
848—49		I
849—50		II
850—51		III
851—52		IV
852—53		V
853—54		VI
854—55		VII
855—56		VIII
856—57	I	IX
857—58	II	X
858—59	III	XI
859—60	IV	XII
860—61	V	XIII
861—62	VI	XIV
862—63		XV
863—64		XVI
864—65		XVI[I]
865—66		XVII[I]
866—67		XVIII[I]

Der Chronikenschreiber hat die Jahre Ludwig's vom Tode seines Vaters (Sept. 855) an gerechnet. Die auf VI folgenden Jahreszahlen für den Kaiser sind in der Handschrift aus Raummangel weggeblieben.

5. Eriugena.

Zu S. 345.

Gewöhnlich nennt er sich und wird genannt *Johannes*, bisweilen findet sich der Beiname *Scottus* oder *Scottigena*. Denn die Iren halten darauf, ihre Nationalitätsbezeichnung hinter den Namen zu setzen oder sich schlechtweg als *der Ire* zu benennen (*Sedulius Scottus*, *Hibernicus exul*, *Martinus Hiberniensis exul*; im Metrum meist *Scottigena*, zu welcher Art Bildung die Iren neigen vgl. W. Stokes Irish Glosses Dublin 1860 S. 11). Nur vor der Uebersetzung des Dionysius Areopagites scheint sich Johannes als *Eriugena* zu bezeichnen. Die ältesten Handschriften sollen nach Floss S. XIX *Ierugena* haben; aber der Bernensis 19 IX/X. Jahrhundert, die älteste, die ich kenne, hat *Eriugena* und ist älter als die Handschriften bei Floss, von denen auch einige diese Form aufweisen. *Eriugena* ist gleich *Scottigena*; es ist eine hibride Bildung. *Eriu* heisst auf irisch

Irland. Indem sich Johannes der Biklungen *Troiugena, Graiugena* erinnerte, schuf er sich *Eriugena* statt *Hibernigena*, irisch *Eirindach*.

6. Moengal-Marcellus von SGallen.

Zu S. 353.

Es ist ein Versehen in der schönen Arbeit von H. Zimmer Keltische Beiträge Zeitschr. für deutsches Alterthum XXXV (1891) S. 118, wenn er die Notizen der vier Meister zu 841 und 869 auf Moengal, den Neffen des Marcus, bezieht. An zweiter Stelle heisst es dort ausdrücklich: *Moengal ailithir abb. Bendchair*, was auf den Lehrer der Klosterschule von SGallen, der in SGallen selbst starb, nicht gehen kann.

7. Griechisch im Mittelalter.

Zu S. 353 fg.

Ich gebe eine Sammlung der ziemlich zerstreuten, übrigens sehr ungleichwertigen Litteratur. Zuerst hat die griechische Palaeographie die Forschung aufgenommen: Montfaucon Palaeographia Graeca Paris 1708, ihm folgten die Neueren Wattenbach, Gardthausen, Thompson. 1848 wurde vom französischen Institut preisgekrönt E. Renan Sur l'étude de la langue grecque au moyen âge, die Schrift wurde leider nicht gedruckt, vgl. d'Arbois de Jubainville I 381 Anm. 3. Ozanam Études germaniques II Paris 1849. F. Cramer Dissertationis de Graecis medii aevi studiis I. II Sundiae 1849 u. 1853. E. Dümmler St. Gallische Denkmäler aus der karolingischen Zeit Zürich 1859 (Mittheilungen der Antiquarischen Gesellschaft XII 6), derselbe Geschichte des Ostfr. Reiches² III 600 und in den Sitzungsberichten der kgl. preuss. Akademie 1890 Seite 940. Hauréau Singularités Paris 1861. F. A. Eckstein Analecten zur Geschichte der Paedagogik Halle 1861. E. Egger L'hellénisme en France I Paris 1869. Bursian in seinen Jahresberichten I (1873) S. 13; derselbe Geschichte d. classischen Philologie 1883 S. 28. A. Firmin-Didot Alde Manuce Paris 1875. Meyer von Knonau in seiner Ausgabe der Casus S. Galli St. Gallen 1877. Gidel Nouvelles études sur la littérature grecque moderne Paris 1878. E. Miller Glossaire grec-latin de la bibliothèque de Laon (cod. 444) Notices et extraits XXIX 2 1880. H. d'Arbois de Jubainville Introduction à l'étude de la littérature celtique I Paris 1883. K. Krumbacher Rheinisches Museum XXXIX (1884) 353. F. A. Specht Geschichte des Unterrichtswesens in Deutschland Stuttgart 1885. A. Tougard L'hellénisme dans les écrivains du moyen-âge Rouen 1886. Diese Schriften, zusammen mit dem, was sie gelegentlich citieren, machen wol eine ziemlich vollständige Uebersicht über die vorhandene Litteratur aus. Trotz Allem ist das interessante Thema längst noch nicht erschöpft. Es wird im Allgemeinen noch viel zu viel auf mittelalterliche Zeugnisse gegeben, wenn sie von irgend Jemand behaupten: er habe Griechisch gekonnt. Auszugehen ist, wozu oben der Versuch gemacht wird, von den damals zur Erlernung der Sprache vorhanden gewesenen Hilfsmitteln. — Nach Dümmler's, des genauesten Kenners dieser Zeit, Urtheil, haben von Nicht-Iren damals nur Heiric, Christian von Stavelot und Walahfrid Griechisch gekonnt. Für Christian ist ein reinliches Urtheil erst möglich, wenn die Interpolationen der früheren Herausgeber beseitigt sind. Bei Walahfrid hat der neueste Herausgeber A. Knoepfler in dem Liber de exordiis et incrementis etc. (Monachii 1890), dessen Cap. VII (S. 18) für unsere Frage in Betracht kommt, wieder die Graeca ad amussim optimorum scriptorum wortlos abkorrigiert. Hier hätte der Herausgeber, der in der Einleitung doch so gut die Forschungen Dümmler's zu benutzen wusste, sich mehr an die Principien halten sollen, denen derselbe Dümmler bei der Ausgabe des betreffenden Capitels Zeitschr. für deutsches Alterthum XXV (1881) Seite 99 gefolgt ist. Cap. VI (S. 17) ist Walahfrid's *Graece enim camyron currum dicitur* natürlich nicht mit Knoepfler durch *χαμός = καμπτέλος* zu erklären, sondern es liegt von Walahfrid missverstandenes lateinisches *camurum* zu Grunde. Ueber Heiric siehe die folgende Abhandlung.

8. Der cod. 444 der Bibliothèque publique von Laon. Die Iren Martin und Johannes. Die beiden Hincmar.

Zu S. 355.

Dass der Laudunensis 444 in seinem ganzen Umfang der Hand des 'Hellenisten' Martinus verdankt wird, ist zuletzt im Album paléographique zu der Heliogravure zweier Seiten der Handschrift hervorgehoben worden. Da wir in unserem Zusammenhang, um den irischen Ursprung der Handschrift und ihres Schreibers zu beglaubigen, nicht einfach die griechische Schrift der Handschrift und ihren griechischen Inhalt anführen dürfen, so ist hier auf Folgendes hinzuweisen, was zum Theil schon Holder-Egger zu SS. XV 2 S. 1291 fg. glücklich erledigt hat. Die Handschrift stammt aus Laon; sie hat folgende alte Provenienz-Notiz: *istum librum dederunt Bernardus et Adelelmus deo et S. Mariae Laudunensi.* Aus den von Holder-Egger zuerst veröffentlichten Annales Laudun. etc. (a. a. O. S. 1293 flg.) erfahren wir jetzt, dass ein Adelelmus zu Laon 892 Presbyter wurde, ein Bernardus ebendaselbst 903 starb und in demselben Jahr Adelelmus Decanus wird. Diese beiden sind, wie Holder-Egger sah, die Donatoren einer Anzahl Laoner Handschriften, darunter auch des cod. 444. Codex 444 ist also zu Laon vor 903, enger umgrenzt nach den in ihm enthaltenen griechischen Gedichten (vgl. die Erklärer der Heliogravure) vor 869 geschrieben. Auf irische Abkunft weist das Interesse, das in der Handschrift an Dichtungen des Joh. Eriugena genommen ist; vor Allem aber die beigeschriebenen irischen Zahlwörter (Miller S. 6 fg.) und die Aufnahme des oben S. 352 erwähnten, von den Iren gepflegten kryptographischen Systems (Miller Seite 212; W. Schmitz Neues Archiv XV 197). Es kommt daneben nicht in Betracht, dass die lateinischen Buchstaben keinen irischen Charakter haben (wenigstens die auf der Heliogravure nicht); es bestätigt dies nur eine schon öfter gemachte Erfahrung, dass einzelne Iren auf dem Kontinent die schwer lesbare Schrift ihrer Heimat aufgeben, vergl. oben Seite 347 und Meyer von Knonau Anm. 35 (Seite 9) zu Casus SGalli. Darnach wird man die folgende Vermutung Holder-Egger's billigen. In den erwähnten Annales Laudunenses heisst es zu Jahr 819 . . . *s Hibernicnsis nascitur, post futurus ex⟨ul et ma⟩gister Laudunensis*, zu 875 . . . *tinus Hiberniensis in Christo dormivit.* Beidemal ist der Rand weggeschnitten, das Verlorene wird aber offenbar von Holder-Egger richtig mit *Martinus* ergänzt und dieser mit dem Schreiber der Laoner Handschrift identificiert. Wie er in den Annales *magister* heisst, nennt er sich in den Versen ΔΙΔΑCΚΑΛΟC (vgl. die Heliogravure). Die Handschrift wurde, laut dem Brief am Eingang, von ihm gerichtet an einen Abt von S. Maria zu Laon), vgl. Montfaucon Palaeographia Graeca Seite 249. Wer das war, wissen wir nicht, ist aber auch gleich. Aber eine andere Anrede steht nach dem auf diesen Brief folgenden griechischen Glossar auf fol. 275ʳ in tironischen Noten. Diese hat W. Schmitz in Gemeinschaft mit einem französischen Benediktiner im Neuen Archiv a. a. O. gelöst. Danach lauten sie:

Graecarum glossas domino donante peregit
H tibimet frater servire paratus;
Namque geris vitae longo quo tempore felix
Pontificale decus.

H könnte an und für sich der Schreiber sein, und so wird in der Anmerkung zu dieser Stelle *Hincmarus* vermutet. Wir wissen jetzt, dass ein *M⟨artinus⟩* die Handschrift schrieb. Also ist *H* der Angeredete, der nach dem 4. Vers Bischof war. Nach Zeit und Ort kann dies nur Hincmar Bischof von Laon sein, und es ist *H⟨incmaro⟩* zu ergänzen. Somit ist die Handschrift zwischen 858 u. 869 geschrieben. Wir haben damit die feste Datierung des Laoner 444 gefunden. Zugleich aber ergiebt sich eine lehrreiche Folgerung für die beiden Hincmare. Hincmar von Laon, der besser war als sein Ruf, besonders als der, den ihm der bitterböse Oheim zu machen suchte, war ein Mann von unverächtlicher Gelehrsamkeit. Der Oheim Hincmar von Reims sucht auch diese auf alle Art zu verdächtigen. Er schreibt Juni 870 in seinem Kapitelwerk gegen ihn (Opp. ed.

Sirmond II 547): *qui enim linguam, in qua natus es, non solum non loqui, verum nec intelligere nisi per interpretem potes, cum suppeterent sufficienter Latina, quae in his locis ponere poteras, ubi Graeca et obstrusa et interdum Scottica et alia barbara ut tibi visum fuit nothata atque corrupta posuisti.* Die *verba Graeca* und *Scottica* kannte also Hincmar von Laon durch seinen Umgang mit den Iren. Nun aber das Wichtigere. Ich habe oben mit den Herausgebern des Album Paléogr. angenommen, dass die Verse nicht nur vor 869 gedichtet, sondern auch geschrieben sind. Denn Martinus (geboren 819, gestorben 875) kann in keinem anderen Verhältnis zu Johannes gestanden haben, als dem des befreundeten und dienenden Schreibers. Er ist sein durchaus gleichaltriger Zeitgenosse. Darnach wird es aber mehr als unwahrscheinlich, dass die griechischen Verse des Codex Laudun. 444 (bei Floss S. 1239) auf ΗΙΝΚΜΑΡΟϹ, wie man es bis jetzt gethan hat (zuletzt Schrörs Hinkmar S. 475), auf Hincmar von Reims zu beziehen sind. Sie stammen aus einer Zeit, in der Johannes längst mit diesem zerfallen sein musste. Ich denke, in ihnen preist er vielmehr den jüngeren Hincmar. Ihm hat damals neben Martinus auch Johannes nahe gestanden. Ueber Hincmar von Reims dachte Johannes anders. Auf sein Grab wollte er folgendes Spottepitaph setzen:

Hic iacet Hincmarus cleptes vehementer avarus:
Hoc solum gessit nobile quod periit.

Vgl. Neues Archiv IV 538. Dass dies Epitaph nicht, wie man durch Sanftl veranlasst angenommen hat (zuletzt Schrörs 317), auf Hincmar von Laon geht, zeigt der Zusammenhang, in dem es überliefert ist: in der vatikanischen Handschrift der Streitschrift gegen Johannes (vergl. Schrörs Seite 117), die dort fälschlich dem Hincmar zugeschrieben wird, gewissermassen als Antwort des Johannes, in der Münchener Handschrift zusammen mit Versen des Hincmar von Reims. Denn die dem Epitaph vorausgehenden Verse:

Remis misit equum, mulum Burdegala nullum:
Aut mulus veniat aut equus huc redeat

gehören nicht, wie fälschlich behauptet wird, zum Epitaph, sondern sind, wie man sich aus Flodoard III 21 (SS. XIII 517) leicht überzeugen kann, Verse Hincmar's von Reims gegen Frotarius von Bordeaux. Man hat also jedenfalls den Hincmar des Epitaphs seinerzeit für Hincmar von Reims gehalten. Auch scheint mir die Angabe der vatikanischen Handschrift: Johannes habe das Epitaph verfasst, keineswegs unwahrscheinlich. Diese aber lässt fast mit Gewissheit voraussetzen, dass Johannes 882, als Hincmar starb, noch in Frankreich war, und räumt der späteren Tradition, dass Johannes etwa 883 nach England gerufen wurde (vergl. Christlieb Real-Encyklopädie f. protestantische Theologie[2] XIII 792), eine gewisse Berechtigung ein.

VIII.

Die Excerptensammlung der Handschrift C 14 in der Bibliothek des Hospitals Cues.

Die ausgebreitete und für ihre Zeit feine und entlegene Gelehrsamkeit des Iren Sedulius, die wir in der vorigen Abhandlung kennen lernten, muss auf die fränkischen Gelehrten des Kontinents geradezu verblüffend gewirkt haben. Der Zufall hat einen Theil seiner Excerpte erhalten, die wir nach der Art damaliger Schriftstellerei auf jeden Fall hätten voraussetzen müssen. Es ist oben[1]) vermutet worden und soll hier bewiesen werden, dass Sedulius der Verfasser der in der Cueser Handschrift vorliegenden Excerptensammlung ist.

1. Sedulius der Verfasser der Excerptensammlung.

Die dem 12. Jahrhundert zuzuweisende Handschrift des Hospitals Cues an der Mosel C 14 ist, nachdem Oehler und Klein[2]) sonst nicht überlieferte Fragmente Ciceronischer Reden aus ihr hervorgezogen haben, zu einer gewissen Berühmtheit gekommen. Die Fragmente stehen nebst andern wertvollen Auszügen aus allen möglichen Schriftstellern in der von ihr auf 26 Blättern überlieferten Excerptensammlung (C)[3]), welche mit dem das Ganze wenig bezeichnenden Titel: *Incipiunt prouerbia grecorum* überschrieben ist.

1. Schon Theodor Mommsen[4]) hat gezeigt, dass die in des Sedulius Schrift De regimine principum von M. Haupt und Dümmler nachgewiesenen Citate aus den Scriptores Historiae Augustae sämtlich in C stehen und in einem Citat eine Ueberlieferung darstellen, wie sie für die betreffende Stelle nur in C vorliegt. 'Damit ist erwiesen', fährt er fort, 'dass wenigstens das Florilegium aus den Scr. Hist. Aug., wahrscheinlich aber die ganze in C uns erhaltene Excerptensammlung vor der Mitte

1) S. 344.

2) Joseph Klein Ueber eine Handschrift des Nicolaus von Cues nebst ungedruckten Fragmenten Ciceronischer Reden Berlin 1866.

3) Bei Klein im Auszug S. 25—118.

4) Hermes XIII 298 flg.

des 9. Jahrhunderts abgefasst ist, in welcher Zeit der Irländer Sedulius an der Lütticher Schule als Lehrer und Schriftsteller wirkte[1]. Wo man Gelegenheit hat, nachzuprüfen, ergibt sich dasselbe Resultat.

2. Wie Mommsen schon hervorhebt, bezeichnet sich C selbst als Abschrift aus einem defekten Exemplar. Orthographie und Fehlerquellen weisen darauf hin, dass es von einem Iren geschrieben war. Wenn aus dem Folgenden noch deutlicher wird, dass Sedulius dieser Ire war, so kann hier schon vermutet werden, dass die Handschrift, die zu den erwähnten[1]) des Nicolaus von Cues gehört, in letzter Linie aus Lüttich stammt, wie das Corpus der Gedichte. Auch eine Handschrift des Sedulius *De regimine principum*, welche Nicolaus besass[2]), wird den gleichen Ursprung gehabt haben.

3. Der Urheber der Excerpte von C besass ein vollständiges Exemplar von Cicero's Pisoniana, die das Mittelalter höchstens in zwei Handschriften gekannt hat. Es kann nicht Zufall sein, dass es gerade Sedulius ist, der carmen X 3 (S. 178) offenbare Kenntnis dieser Rede verräth, wenn er exquisit von der *nubecula frontis* (= in Pison. IX 20) spricht.

4. C enthält Excerpte aus Lactantius, der kein Auctor classicus des Mittelalters war. Dass aber Sedulius sich eifrig mit ihm beschäftigt hat, beweist sein Psalter auf der Pariser Arsenalbibliothek[3]). Und wieder, wie im Fall der Scriptores histor. Aug., ein seltsames Uebereinstimmen der Citate. Sedulius in der Psalterhandschrift excerpiert Divin. inst. II 1 16 so: *ανθρώπον id est hominem greci appellant quod sussum spectet*[4]), C nach Klein[5]) excerpiert: *ἄνθρωπον* (?) *greci hominem appellauerunt quod sussum spectet*. Beide haben gegen die Handschriften des Lactantius die Interpolation *hominem* und die irische Orthographie *sussum* gemein.

5. Porphyrio's Kommentar zum Horaz wird von C umfangreich benutzt; u. a. nimmt er aus ihm auf:[6]) *Rex erit qui recte faciet qui non faciet non erit. Ducis in consilio posita est virtus militum.* Sedulius verwertet das Wort De regimine principum cap. II *Sicut quidam sapiens ait: rex erit qui recte faciet, qui non faciet non erit. Sit ergo consilio prudentissimus.*

6. C excerpiert des Vegetius Kriegskunst[7]). Sedulius widmet in Hartgar's Namen dem Eberhard ein Exemplar dieser Schrift und, wie die das Geschenk begleitenden Verse[8]) beweisen, hat er den Schriftsteller auch gelesen. Und merkwürdig,

1) Oben S. 341.
2) Poet. Carol. S. 159 Anm.
3) Oben S. 344.
4) Lactant. ed. Brandt S. CXII.
5) S. 92.
6) Klein S. 114.
7) Klein S. 89 flg.
8) c. 53 Seite 212

es finden sich in C gerade die Kapitel excerpiert, aus denen Sedulius seinem Gedicht Reminiscenzen einflocht. Weder hat C viel mehr Excerpte aus Vegetius als die, welche das Gedicht verwertet, noch findet sich in dem Gedicht irgend ein Anklang an eine Stelle des Vegetius, die in einem Abschnitt des Vegetius stände, aus dem C nicht excerpiert hätte.

7. Mit Anlehnung an Weisheiten des **Physiologus** heisst es in C[1]) *nos dorcades acute cernentes*, bei Sedulius in *De regimine principum* carm. VIII 13[2]) *Dorcades ut vigili . . visu.* —

Eingehende Vergleichung würde gewiss noch manche Aehnlichkeiten zusammenfinden, aber ich denke, das oben Zusammengestellte genügt vollständig. Einzelnes einzeln betrachtet könnte auf Zufall beruhen; der Zusammenhang von Allem schliesst ihn aus. Es ist nicht denkbar, dass im 9. Jahrhundert so verschiedenartige Schriftsteller in der Bibliothek und der Lektüre noch eines anderen Mannes vereint gewesen sind. Da wir aber ferner sehen, dass Sedulius den Lactantius[3]), den Vegetius und die Pisoniana auch aus anderen Stellen kennt, als Excerpte von ihnen in C vorliegen, so folgt zu gleicher Zeit, dass Sedulius nicht nur der **Schreiber** und **Besitzer** der Vorlage von C, sondern dass er auch der **Urheber** der ganzen Sammlung war. Sie ist hervorgegangen aus seinen Sammlungen bei der Lektüre, da er sich den nötigen Schatz von 'Elegantiae' sichern wollte. Aber später hat er die Excerpte so geordnet und bevorwortet, dass es scheint: er habe sie auch fremdem Gebrauch übergeben und aus seinem *ὑπόμνημα* ein Buch machen wollen.

Die Folgerungen aus diesem Nachweis für die Ueberlieferungsgeschichte der einzelnen von Sedulius excerpierten Schriften zu ziehen, behalte ich mir vor. Nur einzelnes daraus schicke ich in den folgenden Abschnitten voraus.

2. Folgerungen für die von Sedulius excerpierten Schriften.

Die Iren, welche in der Zeit des Sedulius auf den Kontinent auswandern, pflegen ihre **Handbibliothek** mit sich zu führen. So ist es wahrscheinlich, dass viele der von Sedulius benützten Handschriften irische waren, sei es dass er sie in Irland auszog, sei es dass er die Excerpte in Lüttich aus den dorthin von Irland mitgebrachten Exemplaren verfertigte. Doch ist das natürlich in jedem Fall einzeln zu untersuchen.

a) Vegetius de re militari.

Das Exemplar, dem er im Vegetius folgte, wurde von ihm auf dem Festland vorgefunden. Denn, wie Lang[4]) nicht entgangen ist, stimmt C mit dem stark inter-

1) Klein S. 32.
2) S. 158 bei mir.
3) Vgl. Brandt's Einleitung zu seinem Lactantius S. CIV.
4) Vegetius[2] S. XIX.

polierten Parisinus überein, und diese Handschrift geht, wie Wattenbach[1]) erkannte, auf Frechulf von Lisieux zurück, der den Text *sine exemplario* abkorrigierte.

Das Exemplar, welches Sedulius im Namen des Bischofs Hartgar für Graf Eberhard von Friaul auf Grund dieser interpolierten Vorlage anfertigte, können wir noch einen Schritt weiter verfolgen. Eberhard vermachte seinem Sohn Unruoch testamentarisch[2]) einen *librum rei militaris*. Und dies muss der Vegetius des Sedulius sein. Das Testament ist wahrscheinlich 863 abgefasst[3]). Becker setzt es 30 Jahre vor, Gottlieb[4]) gar 13 Jahre nach Eberhard's Tod.

b) Zu den Ciceronischen Fragmenten.

Es ist Klein[5]) und Halm[6]) aufgefallen, dass C in vielen guten Lesarten und einzelnen sonderbaren Fehlern mit dem Codex V(atic. Basilic. H 25 VIII/IX. Jhd.) übereinstimmt. Sauppe[7]) ist weiter gegangen und hat die Behauptung aufgestellt, V sei von C unmittelbar benutzt worden und zwar zu der Zeit, als V noch nicht durch Quaternionenausfall verstümmelt war.

Wenn es richtig ist, dass die Excerpte C auf Sedulius Scottus zurückgehen, so stellt sich von vornherein die Sache etwas anders dar. Zwar der alte Bestand von V (VIII. Jhd.) kann dem Sedulius vorgelegen haben, aber der jüngere (IX. Jahrhundert karoling. Minuskel) ist jünger als Sedulius. Wir haben also vielmehr folgendes Verhältnis vorauszusetzen:

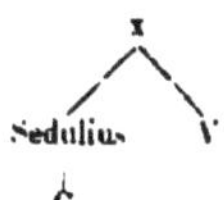

Möglich ist, dass die alte Partie in V, d. h. Quaternio II = x ist. Dies aber ändert nichts daran, dass auch ausserhalb des II. Quaternio C mit V vollständig übereinstimmt. Ueberraschend ist es, dass man die Consequenzen dieser Thatsache noch nicht für die von C gelieferten Fragmente gezogen hat. Es ist also eine kurze Darlegung der von V und C befolgten Reihenfolge nötig.

V. Quaternio I fehlt, Quaternio II enthält *in Pisonem* S. 1077—1092 bei Orelli[2] mit dieser richtigen Ueberschrift; die ursprünglich folgenden Quaternionen III—VI

1) Geschichtsquellen I[5] 206 Anm. 2.
2) Dümmler (Wiener) Jahrbücher für vaterländische Geschichte 1860 S. 176 Anm. 24.
3) Becker Catalogi 12, 5.
4) Ueber mittelalterliche Bibliotheken S. 372.
5) S. 80.
6) Fleckeisen 1866 S. 625.
7) Göttinger Gelehrte Anzeigen 1868 S. 1682.

fehlen jetzt. Erhalten ist Q. VII; er ist überschrieben *PRO FONTEIO*, enthält aber Pro Flacco S. 809 bis 815, daran schliesst sich ohne Ueberschrift Pro Fonteio S. 465 — 477. Den Beschluss machen die vollständigen Philippicae. Was enthielt Quaternio III — VI? Zunächst doch gewiss den Eingang von pro Flacco, an den Quaternio VII anschliesst, davor aber auch den Eingang zu pro Fonteio, der durch Blattversetzung vor pro Flacco verschlagen war und der nun beiden Reden die Ueberschrift *PRO FONTEIO* eintrug.

C. Es folgen sich *Cicero in Pisonem* Klein S. 49, am Schluss stehen ohne Ueberschrift 3 Sätze aus einer anderen Rede Klein[1]) Fragm. Cus. 1, 2, 3, dann hierher geratene Excerpte aus ad Herennium. Darauf werden wieder, diesmal unter der Ueberschrift *PRO FONTELO*, Excerpte aus Ciceronischen Reden gegeben[2]): und zwar Klein Fragm. Cus. 4, 5, 6, 7, 8, 9, 10,[3]) 11, 12, 13, 14, 15, 16, 17, 18[4]) dann — vom Voraufgehenden nicht getrennt und ohne eigene Ueberschrift — vier Fragmente, die sich im erhaltenen Teil von pro Flacco wiederfinden (Orelli[2] S. 801, 802 808 810 812[5]), dann — gleichfalls ohne Trennung und neue Ueberschrift — drei Fragmente, die in dem erhaltenen Teil von pro Fonteio stehen (Orelli[2] S. 472 474 476[6]). Den Beschluss machen Excerpte aus sämtlichen Philippicae, Klein S. 79 flg.

Geleitet von der Ueberschrift *PRO FONTELO* wies Klein die sonst unbekannten Fragmente (Fragm. Cus. 1 — 18) der Rede pro Fonteio zu. Die Zuweisung ist ohne weiteres richtig für Fragm. Cus. 1 — 10, denn 10 findet sich wieder in dem von Mai aus dem Vatikanischen Palimpsest bekannt gemachten Fragment der Rede pro Fonteio[7]). Ist sie es aber auch für 11 — 18? Da diesen Fragmenten unmittelbar und ohne Ueberschrift Excerpte aus pro Flacco folgen und diesen wieder Excerpte aus pro Fonteio, so war die Anordnung in X ersichtlich so, wie wir sie oben aus V erschlossen haben; d. h. es folgte sich der Eingang pro Fonteio, der Eingang pro Flacco, die Fortsetzung pro Flacco, die Fortsetzung pro Fonteio; alles unter der Ueberschrift *PRO FONTEIO*. Es entsteht jetzt die Frage: gehören Fragm. Cus. 11 — 18 noch in den Eingang von pro Fonteio, oder gehören sie schon in den Eingang von pro Flacco. Diese Frage haben sich die Ciceroherausgeber, da sie nicht von der Ueberlieferung ausgingen, überhaupt nicht vorgelegt, sondern sie haben mit Klein alle Fragmente ohne weiteres der Rede pro Fonteio zugewiesen. Wol aber ergaben sich schon A. R. Schneider[8]) Schwierigkeiten bei der Entscheidung, wohin diese Frag-

1) S. 52 und 57.
2) S. 55
3) S. 57 fg.
4) Klein S. 60 fg.; Halm Fleckeisen S. 628 10—17.
5) Klein S. 55.
6) Klein S. 55 und 71 flg.
7) Klein S. 58.
8) Quaestionum in Cic. pro Fonteio orat. capp. IV Grimma 1876 S. 35.

mente eigentlich in pro Fonteio gehörten[1]). Die beiden Repetundenprocesse sind zwar überraschend gleichartig, aber z. B. Fragm. Cus. 15 will sich doch gar nicht mit dem vereinen, was wir sonst von Fonteius erfahren. Nehmen wir, was die Ueberlieferung zulässt und für den Schluss der Fragmente empfiehlt, Fragm. Cus. 11—18 für den nur bruchstückweis erhaltenen Eingang der Rede pro Flacco in Anspruch, so ist jede Schwierigkeit auf die einfachste Weise beseitigt. Dass wir die Fragmente in den sonstigen Ueberresten aus dem Anfang dieser Rede, den Scholien aus Bobbio und dem Mailänder Fragment, nicht wieder finden, ist ein eben solcher Zufall, wie er es wäre, wenn die Fragmente in die Rede pro Fonteio gehörten, wo gleichfalls eine anderweitige Kontrole vorliegt, die sich nirgends mit ihnen berühren würde. In der Rede pro Flacco aber haben sie unmittelbar vor dem durch die Renaissance-Handschriften überlieferten Kern der Rede gestanden, dessen Anfang das erste aus pro Flacco nachweisbare Citat in C angehört. — Nach welchem Gesichtspunkt das in x vorliegende Corpus Ciceronischer Reden (Piso, Flaccus, Fonteius, Philippicae) geordnet ist, kann ich nicht sagen. Ueber chronologische Syntagmata spricht Kiessling Greifswalder Index scholarum 1883 S. 6. Dass es auch andere Ordnungen gab, beweist Aldhelm[2]), der gewiss von älteren römischen Grammatikern abhängt.

c) 'Caecilius Balbus'.

Man hat übersehen, dass in C fast das ganze Florilegium eingestellt ist, das Wölfflin unter dem unzutreffenden Namen des Caecilius Balbus herausgegeben hat[3]). Das Urtheil wird etwas erschwert, weil Klein aus dem hierhin gehörenden Theil von C nur ein Kapitel im Wortlaut abgedruckt hat[4]). Doch wird auch die Kenntnis des Ganzen das Urtheil nicht wesentlich abändern können.

W. Meyer[5]) aus Speyer hat erkannt, dass der Grundstock des sogenannten Caecilius Balbus die ziemlich alte lateinische Uebersetzung einer griechischen Spruchsammlung ist, dass in dieser Uebersetzung Sprüche aus Publilius Syrus interpoliert waren, und dass aus der so interpolierten Uebersetzung unabhängig excerpiert wurden die von Wölfflin aus der Freisinger Handschrift herausgegebene längere lateinische Spruchsammlung (Φ) und die von Wölfflin aus drei Pariser Handschriften herausgegebene kürzere lateinische Spruchsammlung (φ). Es bedarf nur eines Blickes, um festzustellen, dass Sedulius (C) die Sammlung φ benutzt hat. Und damit ist der

1) Bei C. F. W. Müller fehlt in pro Fonteio Fragm. Cus. 11—18 nur durch ein Versehen des Druckers, vgl. Part. II vol. III S. CXXVIII.

2) Vgl. Manitius Wiener S.-B. phil.-hist. Cl. CXII II S. 601.

3) Caecilii Balbi de nugis philosophorum quae supersunt Basel 1855.

4) Seite 100 ffg.

5) Die Sammlungen der Spruchverse des Publilius Syrus Lpz. 1877 S. 44; vergl. J. Scheibmaier De sententiis quas dicunt Caecilii Balbi Monachii 1879.

Terminus post quem non für die Abfassung dieser Sammlung gewonnen. Es ist seltsam, ändert aber nichts an dem Gesagten, dass Sedulius seinerseits wieder neue Auszüge aus Publilius hinzugefügt hat. Diese unterscheiden sich von den aus φ übernommenen durch den Zusatz am Rande: *Sen(eca)*. Ihretwegen wäre es nötig, C noch des weiteren zu prüfen auf das, was Sedulius selbst in ihm aus Publilius ausgezogen hat.

Woher hatte Sedulius sein Exemplar von φ? — Ich stelle hier zunächst fest, dass die ganze Sammlung φ auch in den Collectaneen des Heiric von Auxerre steht. Die Beurtheilung der Heiric'schen Collectaneen müsste sich auf den Parisinus 18296 des 10. Jahrhunderts stützen[1]). Aber er ist mir im Augenblick unzugänglich, und es ist die Frage, ob man ihm die nötige Auskunft entnehmen könnte, da er schon zu Mabillon's Zeit bestohlen wurde und stark verstümmelt ist. An seine Stelle tritt der von Wölfflin[2]) nur erwähnte Parisinus 8818, der zwar etwas jünger ist (11. Jahrhundert), aber Heiric's Werk vollständig enthält. Ueber ihn bin ich durch eine Abschrift meines ehemaligen Zuhörers Felix von Eckardt gut unterrichtet. Die Spruchsammlung (= φ) steht fol. 46—48, überschrieben *SENTENTIAE PHILOSOPHORUM QVE sunt dicendae cum sermocinatur ad aliquem aliquis de omnibus rebus.* Sie stimmt ganz genau mit Wölfflin's bestem Pariser A. Die beiden letzten Sentenzen fehlen, mit Recht[3]). Dagegen stehen am Anfang auch hier, wie in C[4]), die drei Citate aus den Verrinen, so dass dieser Zusatz schon im 9. Jahrhundert vorhanden war.

Ueber Heiric und sein Werk sind uns ausreichende Nachrichten überliefert. Heiric ist 841 geboren, 850 wurde er in St. Germain zu Auxerre geschoren, 859 wurde er Subdiaconus[5]). Die Collectaneen sind wie die sie einleitenden Verse[6]) berichten, einem Hildebold gewidmet. Man hat ihn für Heribald Bischof von Auxerre genommen, der 857 stirbt. Die Collectaneen wären dann vor 857 verfasst. Weiter wird in den Versen berichtet, was die Collectaneen enthalten und wem es Heiric verdankt:

Hic praeceptorum sunt ludicra pulchra duorum,
Quis ego praesulibus ingenium colui.
His Lupus, his Haimo ludebant ordine grato,
Cum quid ludendum tempus et hora daret.
Humanis alter, divinis calluit alter:
Excellet titulis clarus uterque suis.
Haec ego tum notulas doctus tractare faruces
Stringebam digitis arte favente citis.

———

1) Dümmler Neues Archiv IV 302 und 530.
2) Rheinisches Museum XVI 615; vgl. Dümmler a. a. O. 531.
3) W. Meyer a. a. O. S. 45.
4) Klein S. 108.
5) SS. XIII 80.
6) Fol. 1^v; bei Mabillon Analecta Vet. S. 422.

Es sind also tachygraphische Aufzeichnungen[1]) aus den Vorlesungen der beiden Lehrer Lupus und Haimo. Lupus trug Artes liberales vor: er wird kein anderer sein als der spätere Abt von Ferrières, der Bruder Heribald's, den Lupus aufgesucht haben kann, wie etwa Milo den Haiminus. Haimo, der Theologie vortrug, ist keinesfalls der Bischof von Halberstadt[2]), sondern wahrscheinlich ein Lehrer in Auxerre. Den Versen folgen die Collectaneen; der erste Theil: Auszüge aus klassischen Schriftstellern, wird mit folgendem Distichon[3]) eingeleitet:

Haec Lupus haec nitido passim versabat in ore
Compensans aptis singula temporibus.

Den zweiten Theil, Auszüge über theologische Dinge, eröffnet das Distichon:[4])

His quoque discipulos mulcebat plausibus Haimo
Iocundus lepidos doctus amare iocos.

Diesem Theil folgt die Spruchsammlung und Anderes, was zum Theil nicht theologischen Charakter hat. Dass auch dies noch von Heiric herrührt, ist nicht zu bezweifeln. Aber wir sind bei der von ihm selbst genau vorgenommenen Scheidung befugt zu fragen, ob er nicht hier einer anderen Quelle folgt als den Vorträgen seiner in den Versen genannten Lehrer. Nun gibt es eine Ueberlieferung, nach der Heiric auch den Unterricht eines Iren Elias, des späteren Bischofs von Angoulême, genoss, der selbst wieder in derselben Ueberlieferung als Schüler des Johannes Eriugena bezeichnet wird. Nach meinen Untersuchungen ist diese Ueberlieferung in diesem Theil durchaus zuverlässig. Und auch sonst spricht Vieles dafür, dass Heiric's Gelehrsamkeit sich unter irischem Einfluss entfaltete.

So könnte denn Heiric's und Sedulius' Quelle für den 'Caecilius Balbus' *q* eine irische sein. Im Uebrigen aber ist nicht festzustellen, ob die Pariser Handschriften Wölfflin's auf Heiric selbst oder sein Original zurückgehen, das wir auch in der Hand des Sedulius sehen.

d) Valerius Maximus mit einem Anhang über Suetonius.

In der Handschrift von Cues folgt der Excerptsammlung des Sedulius ein einzelnes Blatt mit Auszügen aus Valerius Maximus. Es ist eingeklebt und gehört, wie Klein sah, weder zum Vorhergehenden, noch zum Folgenden. Es ist ein unorganischer Bestandtheil der Handschrift und hat mit Sedulius nichts zu thun. Die *ex libris Valerii Maximi memorabilium dictorum vel factorum* überschriebenen Auszüge[5])

1) Wie man längst gemerkt hat. Ueber *ferus* vgl. Lipsius Opp. Lugd. 1613 I 202.

2) Wie A. Ebert Allgemeine Geschichte der Literatur des Mittelalters im Abendlande II Leipzig 1880 S. 286 sah.

3) Fol. 2: bei Mabillon a. a. O.

4) Fol. 29v, bisher ungedruckt.

5) Bei Klein S. 118–128.

sind, wie ich aus der Abschrift des Parisinus 8818 fol. 2 fg. sehe, eine unvollständige Copie aus dem Anfang der eben besprochenen Collectaneen des Heiric von Auxerre. Dieser humanistische Theil der Collectaneen des Heiric geht auf Lupus von Ferrières zurück[1].)

Beiläufig erwähnt sei, dass im Parisinus auf die Excerpte aus Valerius Maximus die von Roth[2]) gekannten aus Suetonius folgen. Nur erwähnt Roth nicht, dass sie dem Collectaneum des Heiric entstammen. Es ist doch wichtig für die Ueberlieferungsgeschichte des Schriftstellers, dies zu wissen. Denn die Excerpte sind einer Handschrift des Suetonius entnommen, die den allerersten Platz einnahm und für uns durch den Memmianus vertreten wird. Nun wissen wir, dass Heiric sie dem Lupus von Ferrières verdankt. Lupus aber liess sich seinen Sueton aus Fulda kommen. In Frankreich fand er keinen[3]). Und so leitet die Ueberlieferung des Suetonius wieder nach jenem deutschen Kloster, dem auch Einhard sein Exemplar verdankt haben wird.

Anmerkungen zu Die Excerptensammlung der Handschrift in Cues.

1. Irische Orthographie in lateinischen Handschriften.

Zu S. 356.

Die ganze Litteratur ist verzeichnet bei Zimmer Glossae Hibernicae S. XII. Ich hätte darnach z. B. in den Gedichten des Sedulius nicht das gut bezeugte *tonica* in *tunica* verändern dürfen.

2. Sedulius' Gedicht über Vegetius.

Zu S. 366.

In meinen Anmerkungen war zu Vers 8 statt auf Vegetius II 25 auf Vegetius III 24 ed. Lang² S. 118, 8 zu verweisen. Zu Vers 15 fg. waren wegen *ars* die in C ausgezogenen Stellen (bei Klein S. 39) heranzuziehen.

3. Handbibliothek der Iren.

Zu S. 366.

Die Iren, welche auf den Kontinent auswandern, pflegen ihre Handbibliothek mit sich zu führen, vgl. Schultze Centralblatt für Bibliotheksw. VI (1889) 239. Der charakteristischste Beleg dafür in den Casus SGalli cap. 2 bei Meyer von Knonau Seite 10. Dort ist noch ein Fehler zu beheben: *partitur Marcellus nummos avunculi sui multos per fenestram.* Statt *multos* muss etwas wie *inter comites* dagestanden haben.

1) Vgl. oben S. 371.
2) Suetonius S. XXXII.
3) Brief 86, bei Desdevises du Dezert Lettres de Servat Loup XXX S. 98.

4. Haimo. Heiric. Gautbertus.

Zu S. 370 fg.

Unsere Beurtheilung Haimo's von Halberstadt muss nach dem, was Hauck Kirchengeschichte Deutschland's II 597 Anm. 3 gefunden, eine ganz andere werden. Einen Heymo von Auxerre kennt der Anonymus aus Melk cap. LXXVI bei Fabricius Bibliotheca eccles. S. 153. Die Stelle wird in der Histoire littéraire V 114 kurz abgefertigt. Wenn aber auch vom Anonym. Mellic. die Schriftstellerei Heimo's von Hirschau, wie wir mit Hauck sagen müssen, auf diesen Heymo von Auxerre übertragen wird, so braucht die Bekanntschaft mit diesem nicht nur aus den Versen Heiric's geschöpft zu sein. — Ueber Heiric vgl. Wattenbach Deutschlands Geschichtsquellen[5] I 262 und Dümmler Neues Archiv IV 528. Neuerdings hat ihm M. Prou Inscriptions carolingiennes etc. Paris 1888 (aus der Gazette archéologique) in SGermain d'Auxerre wiederentdeckte Tituli zugewiesen. Auch werde ich Poetae Carol. III zu den bekannten Poesieen ein Gedicht fügen, das, am Schluss der Collectaneen überliefert, bisher übersehen wurde. Offenbar ist es an Hildebold gerichtet. Das Zeugnis über den Iren Elias, seinen Lehrer, haben schon Hauréau und Wattenbach verwertet. Es ist überliefert in der διαδοχή der mittelalterlichen Grammatiker, die einen Gautbertus zum Verfasser hat. Diese eigenartige und höchst bedeutende Schrift ist überliefert im Vossian. 15 8° unter den Papieren des Ademar von Chabannes, der sie auch überarbeitet seinen Historiae einverleibt hat; was übrigens von neuem beweist, dass der Vossian. 15 — die wichtige Fabelhandschrift — dem Ademar von Chabannes zugehört. Gautbertus, über den man gern etwas näheres wissen möchte, ist vielleicht eins mit dem Godbertus, der einen Priscianauszug gemacht hat (Neues Archiv III 411 und IV 310). Beides sind Franzosen, die in Italien studiert haben. Der Priscianauszug könnte der sein, der im Vossian. 15 fol. CVII[v] beginnt, vgl. Hervieux Les fabulistes latins I 296. Die Güte der Nachricht des Gautbertus über den Lehrer Heiric's wird bestätigt durch das, was er über den Schüler Heiric's, den Remigius nachfolgen lässt. Wenn Heiric gelegentlich als *magister Remigii* (vgl. Hauréau De la philosophie scolastique I 135) oder bloss als *magister* (vgl. Liebl Die Disticha Cornuti Straubing 1886 S. 37) bezeichnet wird, so rührt es daher, dass seine Lektionen auf demselben Wege durch Remigius auf uns gekommen sind, wie die des Lupus u. s. w. durch Heiric. — Ausser Heiric's Kenntnis des Griechischen (vgl. Hauréau Singularités Seite 29) spricht für irischen Unterricht auch seine Beschäftigung mit dem Computus. Auch hierin waren doch die Iren Lehrer, vergl. die interessante Stelle in der Würzburger Handschrift Mp. th. f. 61 IX. Jahrhundert bei Schepss Die ältesten Evangelienhandschriften der Würzburger Universitätsbibliothek Würzburg 1887 S. 27 *Mosinu mac cumin scribu et abbas bennchuir primus hibernensium compotem a greco quodam sapiente memoraliter dedicit.* Aus dieser Stelle geht zugleich hervor, dass der Vers *Hinc claustra pollent studio loca compotis apta* von Wattenbach Geschichtsquellen I 278 mit Unrecht bezweifelt wird. — Beweisend für die Nachricht des Gautbertus ist schliesslich auch, dass Heiric die Philosophie des Johannes Eriugena kennt, vergl. Hauréau De la philosophie scolastique I 133. Der Jepa bei Prantl Geschichte der Logik[2] II 41, der wol auf einem Lesefehler Cousin's beruht, harrt noch der Aufklärung.

IX. Audradus Modicus.

Ich habe bisher zum grossen Theil Vermutungen vorgebracht, die ich zwar mit ihrer inneren Wahrscheinlichkeit — ich hoffe — gestützt habe, die aber der äusseren Bestätigung bei der Lückenhaftigkeit der Ueberlieferung gewiss immer entbehren werden.

Um so lieber ist es mir für die Sache, der ich diene und der ich einen so angenehmen Zufall gern überall zu Hülfe kommen sähe, dass ein handschriftlicher Fund einer Reihe früher von mir auf diesem Gebiete vorgebrachter Vermutungen die urkundliche Bestätigung gegeben hat. Er betrifft den Audradus Modicus. Seine Gedichte hatte ich in den Poetae Carolini[1]) herausgegeben. Dabei war in der Einleitung, um ihre Entstehungszeit zu beurtheilen, das von Audradus in einer prosaischen Schrift befolgte und von ihm selbst ersonnene chronologische System zu entwickeln. Die Gedichte selbst waren zu ordnen, und es blieb zu entscheiden, ob zwei in einer Handschrift des Audradus ohne Namen überlieferte für ihn in Anspruch zu nehmen waren. Die Entscheidung fiel zu Gunsten des Audrad, und es wurde vermutet, dass die beiden namenlosen als 6. und 7. Buch den Schluss einer grösseren Dichtung des Audradus ausgemacht hätten.

Drei Jahre später fand A. Gaudenzi in Cava dei Tirreni, und zwar wie es scheint, in der Bibliothek der Badia della SS. Trinità, eine Handschrift des XIII. Jahrhunderts mit bisher unbekannten Fragmenten des Audradus. Er gab sie ohne Kenntnis meiner Ausgabe im Bullettino dell' istituto storico Italiano[2]) äusserst sorglos heraus. Sie bestätigten meine chronologische Kombination, meine Anordnung der Gedichte, die Autorschaft des Audradus für die namenlosen. Die beiden Gedichte gehören in der That in den Zusammenhang eines grösseren Werkes. Dieses Werk aber umfasste die sämtlichen Schriften des Audradus, wie er sie als geschlossene Sammlung dem Pabst überreichte, und es gehörten zu ihm auch die übrigen Gedichte und die Schrift in Prosa, deren wir oben gedachten. Auch standen sie nicht an letzter Stelle in der Sammlung. Wol aber, wenn man vor meiner Sammlung die von Gaudenzi gefundenen

---

1) III 1 S. 67–121.
2) N. 7 Rom 1889 S. 39–45.

drei Gedichtbücher einstellt und die Reihenfolge meiner Sammlung belässt, erhält man das von Audradus selbst beabsichtigte Corpus seiner Schriften. Verloren gegangen ist nach Gaudenzi's und vor meiner Sammlung ein Gedichtbuch, auf meine Sammlung folgte nach Audradus' Absicht die Prosaschrift, die wir nur fragmentarisch besitzen, und den Beschluss machte als letztes Buch ein versificirter Psalm, der verloren ist.

Ich gebe zunächst *Praefatio* und *Prooemium* des von Gaudenzi veröffentlichten Stückes in gereinigter Gestalt; dann die Fragmente der prosaischen Schrift, welche eine Sammlung bis jetzt nicht gefunden haben, aber verdienten. Dies sind aus der Schriftstellerei des Audradus die für ihn und seine Zeit am meisten bezeichnenden Dokumente. Und Alles, was über ihn noch zu sagen ist, muss an sie geknüpft werden.

I. Vorwort des Audradus zu seiner Sammlung nach der Handschrift von La Cava.

Die Orthographie ist stillschweigend nach Massgabe der älteren Handschriften des Audrad verbessert worden. Die Verbesserungen der unter dem Text verzeichneten anderweitigen Fehler sind von mir; Gaudenzi scheint keine vorgenommen zu haben. Sein Text gibt sich als getreuer Abdruck der Handschriften und wird von mir demgemäss behandelt. Lesefehler vermute ich bei einem im Handschriftenlesen so geübten Manne nicht. Dagegen scheinen anderweitige Flüchtigkeiten nicht ausgeschlossen. So gibt er im selben Heft des Bullettino ein Gedicht des Amatus heraus, lässt aber, wie aus der beigegebenen Tafel ersichtlich wird, aus der Kapitelaufzählung eine Zeile einfach weg.

Die Sammlung des Audrad wird eröffnet durch die folgende nicht überschriebene Praefatio:

Anno ab incarnatione domini nostri Iesu Christi · DCCCXLVIIII · cum secundum oraculum divinum ego Audradus omnium servorum dei minimus pro salute fratrum meorum Romam ad divina beatissimorum apostolorum intercessurus venissem, exceptus a domino quarto Leone papa, viro magnorum operum, oblati libros hos per manus eius domino in die natali eorundem apostolorum. et in hunc modum feci oblationem dicens: 'offero sanctae trinitati per manus vestras, sancte Leo papa, testimonium praedicationis meae, titulos labiorum meorum'. quos ille reverenter excepit et cum episcopis qui aderant — nam ad sollemnitatem apostolorum omnes illius patriae ex more convenerant — et cum ceteris sapientibus Romanis clericis ad purum examinatos auctoritate suae cathedrae catholico canone roboravit et provida utilitate legendos fidelibus adnotavit et ad honorem suae sedis in scrinio sanctae matris ecclesiae Romanae servare decrevit. Explicit praefatio.

3 vel *ad limina*.

Es folgen unmittelbar die metrischen Ueberschriften der einzelnen zur Sammlung gehörigen Bücher. Ich setze die betreffenden Zahlen vor. Die Ueberschrift VII hat sich vor dem Gedicht auf Martin in der Cheltenhamer[1]), jetzt Berliner Handschrift erhalten. Die Bücher I, II, III, zu denen hier die Ueberschriften stehen, gibt die Handschrift von La Cava. IV ist nicht erhalten. V ist der *Liber de fonte vitae*, den ich aus einer römischen Handschrift und einem von dieser unabhängigen Druck des Oudin herausgegeben habe[2]). VI und VII habe ich aus der Cheltenhamer Handschrift[3]), VIII—XI die Passio Juliani aus derselben Handschrift mitgetheilt[4]). XII war in der Sammlung der Titel der *Revelationes*, deren Fragmente ich unten gesammelt habe. XIII ist nicht erhalten.

Nach dem folgenden *Prooemium* vertheilen sich diese XIII Bücher auf VII Schriften, etwa so: 1) I—III zum Lob der Trinität 2) IV 3) V 4) VI—VII zum Lob des Martinus und Petrus, der Heiligen von Tours und Sens 5) VIII—XI 6) XII 7) XIII. Wenn auch nicht in der Weise, wie ich meinte, so hat ihn doch auch hierbei seine Vorliebe für die Mystik der Siebenzahl geleitet:

I. *Primus habet patrem, genitum, flatumque vel almum*
Esse deum trinum, cum sit substantia simplex.

II. *Inde secundus habet: regnum laudesque thronosque,*
Omnia per verbum coepta et reparata per ipsum.

III. *Tertius enarrat Christi magnalia vel quod*
His dederit sanctum qui continet omnia flatum.

IV. *Quartus natalem recinit verbi puerique,*
Qui caelo revocat homines a morte redemptos.

V. *Quintus habet fontis vitae clarissima dona:*
Pascha, pium lumen, numerum scyphumque sacratum.

VI. *Sextus habet Petri claves laudesque thronumque,*
Qui caelum terramque ligat solvitque potenter.

VII. *Septimus hinc recinit Martini pontificatum*
Praesulis eximii, toto qui pollet in orbe.

VIII—XI. *Quattuor hinc pugnas fidei testantur et omnem*
Perfidiam extinctam vires regnumque piorum.

---

1) Poet. Carol. III S. 86.
2) Ebenda S. 73—84.
3) Ebenda S. 84—88.
4) Ebenda S. 89—121.

I 2 *simul* V 2 *ciphumque* VIII—XI 1 sq. *omnem perfidiam extinctam* ist accus. absol. vgl. Poetae S. 71 Anm. 2.

XII. *Hostes prosaicus duodenus indicat acre*
Ecclesiaeque pios reparare prophetat honorem.

XIII. *Iungitur huic psalmus, prosam post ultimus extat,*
Qui mortem spondet reprobis et gaudia iustis.

Incipit proemium horum librorum.

Audradi miserere tui, qui per crucis aram
Oblatus patri laxasti crimina mundi.
Qui cecinit trino ternos in nomine libros,
Quartum natali pueri verbique dicavit
Et quintum titulo vitae de fonte notavit.
Cluribus atque throno Petri sextum decoravit,
Septimum et ornavit Martini pontificatu,
Octavum, nonum, decimum, undecimum Iuliani
Martyrio verae fidei archanique fideli.
De grege Martini magni ecclesiae Turonensis,
Praesulis ex voto Senonum chorepiscopus idem
Praecipiente deo post hos scripsit duodenum,
Quo docet indutias mortalibus esse decennis
Temporis indultas et plurima dicta monentis,
Plenius ut libri textus haec ipsa retentat.
Hunc psalmus sequitur, prosam post ultimus extat.
Hos septem titulos domini mactavit in ara:
Tu veniam tribuas, indulgentissime Christe,
<Cuius> in aeternum sit portio quaesumus. Amen.

Es folgt dann noch, in sehr fehlerhaftem Zustand, der Beginn der eigentlichen Sammlung, aus Liber I, II und III bestehend. Nach diesem bricht die Handschrift mit dem Schreibervers:

Hic liber est scriptus, qui scripsit sit benedictus. amen.

plötzlich ab. Aber auch dem Fragment müssen wir dankbar sein, zumal die in ihm erhaltene Einleitung zur Genüge über den Theil aufklärt, der verloren ist.

XII 1 *prosaiquus* 2 *pius* XIII 1 *prosa* 2 *spondent.*

8 *Octauum .XVIIII. undecimum iuliani* 9 *archanique* 11 *Senonum*] *suorum* 13 *decenni* 14 *indultos momentis* 16 *prosa* 17 *His* 18 *tribuens* 19 *Cuius* läßt die Handschrift weg *quaesumus*] *quam sumamus.*

II. Die Fragmente des Liber revelationum.

Audrad erwähnt in den oben mitgetheilten Versen zweimal[1]) eine Prosaschrift. Kurze Fragmente aus ihr hat Alberich von Trois-fontaines in seine Weltchronik aufgenommen und auf einzelne Jahre (von 842—850) vertheilt: eine vollständige Handschrift scheint Sirmond besessen zu haben, leider aber hat sich Du Chesne begnügt, ihr einzelne grössere Bruchstücke zu entnehmen, die er als Capitel VIII. IX. XV, XVIII, XXIV wol nur bezeichnet hat, um über die Stelle, die sie in der Handschrift einnahmen, und ihren Abstand untereinander ungefähr zu unterrichten. Es trifft sich gut, dass Alberich den ersten, Du Chesne den zweiten Theil der Schrift berücksichtigt. Einiges aus der Mitte haben sie gemein, so dass hier die sorgfältige Art erwiesen wird, in der Alberich seine Auszüge anfertigte. Der Titel war dem Inhalt entsprechend 'Offenbarungen' *revelationes*: wir kennen ihn nur aus Du Chesne. Es war nur ein Buch, wie Du Chesne angab und Audrad jetzt bestätigt.

Sammlung und Ausgabe der Fragmente boten keine Schwierigkeit. Für Alberich liegt die vorzügliche Ausgabe Scheffer-Boichhorst's SS. XXIII zu Grunde: P. ist die Handschrift aus Paris, H. die aus Hannover. Für Sirmond's Handschrift sind wir lediglich auf Du Chesne's Ausgabe Historiae Francorum SS. II Paris 1636 S. 390—393 angewiesen, die im Folgenden als Quercet(anus) bezeichnet wird. Neben ihr haben die Abdrücke von Bouquet, Migne und Duru keinen selbständigen Wert. Ein * vor der Lesart der Handschriften oder Du Chesne's bedeutet, dass die an ihre Stelle in den Text gesetzte Vermutung von mir ist. Die Deutung der von Audrad befolgten chronologischen Systeme wird im Wesentlichen aus meiner früheren Ausgabe der Gedichte wiederholt, hier aber eingehender und mit der nötigen Beziehung auf Gaudenzi's Publikation von Fragment zu Fragment entwickelt.

I. *Audradus dicit ita: Mense tertio vicesima quinta die, ebdomadis autem quarta, dum* [842] *annua consuetudine letaniarum festa ab ecclesiis generaliter agerentur, sol conversus est in tenebras et factum est verbum domini super Audradum sacerdotem dicens: 'tu, vir doloris, quia posuisti cor tuum, ut assidue pro salute fratrum tuorum periclitantium te affligeres coram me, ecce ego constitui te hodie, ut sis mihi servus fidelis in omnibus quae ostendam tibi' et cetera que ibi dicuntur. 'Dedi hoc signum in sole volens adhuc parcere filiis stultis, si tamen gratiae maternae se cito restituere non timuerint'.*

Albric. SS. XXIII 733, 17. 6 *sole*] *celo* H. 7 *timuerunt* H.

Alberich setzt das Fragment ins Jahr 842. Indess die Sonnenfinsternis am Mittwoch nach Sonntag Rogate[2]) kann nur die am Mittwoch 5. Mai 840 sein[3]). Der

1) S. 377 XII und v. 10 ffg.
2) *ebdomadis . . . quarta letaniae* d. h. *minores*.
3) Simson Ludwig der Fromme II 226

5. Mai ist also der 25. Tag des 3. Monats in der Rechnung des Audrad. Folglich ist der erste Tag des ersten Monats (des ersten Jahres) für Audrad Aschermittwoch (10. Februar 840).

II. *Andradus vero dicit quod anno isto mense primo, secunda die mensis rapuit eum spiritus ante dominum. et ecce dominus noster Iesus Christus sedebat in excelsis et beata dei genetrix Maria a dextris eius. et in parte illius omnes episcopi ordinate, a sinistris autem sancti martyres stabant. et ecce duo daemones advenientes genus humanum in multis accusare coeperunt. domino nihil super hoc innuente daemones ad ordines sanctorum martyrum se verterunt et eorum interfectores in memoriam reduxerunt. sed beatus Martinus de choro episcoporum processit et contra daemones proposuit et alios dei sacerdotes in partem suam advocavit. beata quoque dei genitrix eius petitionem promovit et unam cucullam ei dedit. quam cum beatus Martinus induisset, angeli facto impetu daemones illos praecipitaverunt. quibus cadentibus facta est laetitia in excelsis, qua maior non fuit ex qua dominus ascendit. posthaec succrescentibus malis, ad nullam poenitentiam populis convertentibus, tres simul fratres reges Francorum cunctis exercitibus Christianorum gravissimo et plus quam civili bello in pago Autisiodorense circa locum qui dicitur Fontanetus invicem se debilitarunt. ibique pater filium, filius patrem, frater fratrem, sanguinei propinquos pro scelere in ecclesias admisso et violatione fraternae caritatis sceleratissime perdurante mutua se caede interfecerunt. et nisi beati Martini oratio intervenisset, nullus regum illorum mortem illam effugeret. Hucusque Andradus.* [842]

III. *Unde Andradus. Illi vero, qui a caede fraterna de proelio trium fratrum superstites remanserunt, unde reversi non deo ereptori suo per poenitentiam se subdiderunt, sed more suo ad praedationes ecclesiarum et miserorum omnem vim suae superbiae contulerunt. tunc ecclesias quae adhuc stabant de suo ordine subverterunt easque ad votum suum suis quaestibus publicarunt. tunc omnis ordo ecclesiasticus coepit ventilari. et super hoc doluit deus et dixit, quod novem eos plagis flagellaret.* [843]

II Albric. 733, 48. 3 *Maria* om. H. 5 *ordinem* H. 11 *concurrentibus* H. 13 *antisiodorense* H. 14 *consanguinei* H. — III Albric. 734, 17.

Fragment II und III hängen zusammen, werden aber von Alberich auf zwei Jahre vertheilt, 842 und 843. Gemeint ist das zweite Jahr der Zeitrechnung des Audrad, welches beginnt 10. Februar 841. Die Vision ist am 12. Februar 841. *Succrescentibus malis* kommt es am 25. Juni 841 zur Schlacht von Fontenoy[1]).

IV. *Mense primo, vicesima die mensis, aurora diei eram orans ait Andradus pro salute ecclesiarum, ut daret deus cor poenitens omnibus et misereretur illis. et cecidit super* [845]

Albric. 734, 40. 2 *cecidit* om. P.

1) Dümmler Geschichte des Ostfr. Reiches² I 151.

me mentis excessus et rapuit me spiritus domini in excelsum. et ait angelus ad me: 'scias Normannos Parisius esse venturos et inde reversuros et huic genti decem annos ad poenitentiam dari'. factum est autem, ut, ascendentibus Normannis per Sequanam fluvium, occurreret eis Karolus rex cum exercitu equitum et peditum, et non potuerunt prohibere eos, quin Parisius, sicut dominus dixerat, intrarent vigilia paschae V. Kal. Aprilis. et Karolus apud monasterium sancti Dyonisii sedit. et dederunt rex et populus Normannis pecuniam multam. et reversi sunt in terram suam.

1 *excelsus* P. 2 *parisius* H. 4 *peditum et equitum* H. 5 *dixerat dominus* H.

Hier beginnt Alberich, wahrscheinlich durch ausdrückliche Daten des Audrad aufmerksam geworden, in die richtige Chronologie einzulenken. Der zwanzigste Tag des ersten Monats (des 5. Jahres) ist der 1. März (845). An diesem Tag weissagt der Engel dem Audradus, dass die Normannen nach Paris kommen würden. Und sie kamen am 28. März (845). Von hier an gibt Audradus seine Daten nach einer anderen Rechnung: nach den 10 Jahren *induciae*, die Gott *ad poenitentiam* bewilligt hat. Von wann an rechnet er das erste Jahr der *Induciae*? Die Zerstörung des Martinsklosters von Tours ist nach ihm (Fragment XII, unten Seite 386) *anno nono induciarum nono mense*, das muss entsprechen dem 8. November 853[1]; ferner ist Karl's Niederlage in der Bretagne 22. August 851[2]) ein Jahr nach *induciarum annus VI mensis VI* (nach Fragment X, unten S. 383) und zwar auch im *mensis VI* (Fragment XI, unten S. 384), also muss August 851 entsprechen *induciar. annus VII mensis VI*. Ferner geht er *anno induciarum quinto* nach Rom (Fragment XI, S. 382) und feiert dort nach der *praefatio* (oben Seite 375) 849 Peter und Paul (29. Juni); zurückgekehrt wird er auf dem Pariser Concil abgesetzt, welches 849, nach Mabillon[3]) im November, stattfand. Darnach kann der Beginn der *Induciae* nicht, wie man vermuten sollte, vom 28. März 845 datiert sein, sondern rechnet vom 1. März 845, dem Tage, an dem Audrad die Weissagung von dem 10jährigen Waffenstillstand empfängt.

Also ist Induc. ann.		
	I	1. März 845 — 1. März 846
	II	1. März 846 — 1. März 847
	III	1. März 847 — 1. März 848
	IV	1. März 848 — 1. März 849
	V	1. März 849 — 1. März 850
	VI	1. März 850 — 1. März 851
	VII	1. März 851 — 1. März 852
	VIII	1. März 852 — 1. März 853
	IX	1. März 853 — 1. März 854
	X	1. März 854 — 1. März 855.

Jeder 1. Monat des Audradus ist März, jeder 2. Monat ist April u. s. w.

1) Dümmler S. 386.
2) Ebenda S. 351.
3) Annales Ord. S. Bened. III 685.

V. *Primus annus induciarum secundum Audradum.* [845]

Albric. 734, 51.

Dies ist 1. März 845—1. März 846.

VI. *Legitur quod hoc anno angelus domini femur sinistrum Audradi macerarit, et illusiones nocturnas ab eo abstulit et a dolore epatis sanarit.* [846]

Albric. 734, 57.

Wahrscheinlich zweites Jahr des Audrad, also 1. März 846—1. März 847.

[VII. *Apud Senones Wanilo archiepiscopus elevavit corpora sanctorum Saviniani, Potenciani et aliorum, et reposuit in ecclesia sancti Petri.*] [847]

Albric. 735, 3   1 *uuanilo* PH.   *saviniani* H.

Diese Notiz ist wahrscheinlich, wie Scheffer-B. sah, nicht aus Audrad genommen.

VIII. *Anno induciarum tertio secundum Audradum evocavit ipsum archiepiscopus Wanilo Senonem et habita synodo eundem per electionem corepiscopum Senonensem consecravit.* [847]

Albric. 735, 8.   1 *uuanilo* PH.   2 *senonensem* H.

Das 3. Jahr der *induciae* ist 1. März 847—1. März 848, darnach ist die Zeit der Synode zu Sens in diesen Zeitraum zu verlegen. Aus der *Praefatio* wissen wir jetzt, dass Audrad, bevor er Chorbischof von Sens wurde, Presbyter in S. Martin von Tours war. Wir wissen jetzt ferner, dass alle Schriften Audrad's, die wir kennen, da er sie Juni 849 dem Pabst gesammelt überreicht, vor dieser Zeit geschrieben sind, was vorher nur zu vermuten war. Die Sammlung für den Pabst scheint eine rein chronologische Ordnung zu befolgen. Ausdrücklich erfahren wir, dass er die *Revelationes* erst als Chorbischof schrieb, d. h. März 847 bis zum Beginn der Reise nach Rom März 849. Da aber die uns vorliegenden Fragmente, sowol die Alberich's als die Du Chesne's, diesen Endtermin weit überschreiten, folgt: dass er sein Buch fortgesetzt und später eine vermehrte Ausgabe veröffentlicht hat. So mag Du Chesne's Ueberschrift *Excerpta libri revelationum quas Audradus Modicus scripsit anno Christi DCCCLIII* auf einer ausdrücklichen Angabe des Schriftstellers in dieser seiner zweiten Ausgabe beruhen. War in der ersten, wie wir aus dem Prooemium[1]) ersehen, der Gedanke der 10jährigen *Induciae* schon ausgesprochen, so hatte doch, wie gleichfalls das Prooemium zeigt, Audradus damals noch die Hoffnung, nach den 10 Jahren der Busse werde die Ordnung der Kirche wieder hergestellt sein. Wie die Fragmente aus der uns hier vorliegenden zweiten Ausgabe ergeben, hat er in dieser mit der früheren Hoffnung gebrochen. Der Waffenstillstand ist nutzlos gewesen: Gott Vater hebt ihn auf, bevor er noch abgelaufen ist.

1) Oben S. 377 Vers 13.

Ueberhaupt sehen wir den Audrad mehr als seine Zeitgenossen um seine Schriften und ihr Schicksal besorgt. Selbst die Heiligen, die er in der Verzückung sieht, sprechen ihm von seinen Büchern [1]). Dass er dem Pabst ihre Sammlung überreicht, ist auch mehr als blosse Devotion; es ist in der Art, wie es geschieht, für die damalige Zeit der Akt der Publicierung, wozu es stimmt, dass den einzelnen Büchern stichometrische Nachweise folgten. Es wird ein vom Autor gestiftetes Exemplar in der Archiv-Bibliothek von S. Peter festgelegt. Von dort wird es sich durch authentische Abschriften verbreiten. In der That tritt hier gleich die Frage entgegen, woher sich die uns erhaltenen Handschriften der Werke des Audradus ableiten. Sie ist mit Sicherheit dahin zu beantworten, dass die Handschrift in La Cava und die ehemals Cheltenhamer aus dem Exemplar des Pabstes stammen. Von den Handschriften des Gedichtes *De fonte vitae* wird der Reginensis, der die drei Schlussverse an Hincmar weglässt, den gleichen Ursprung haben, die Handschrift Oudin's der Einzelüberlieferung angehören. Unsere Fragmente aus den Revelationes, sowol die bei Alberich, als die von Sirmond gefundenen, gehen gleichfalls auf eine Einzelüberlieferung zurück: das Buch, dem sie entnommen sind, wurde nach der Sammlung herausgegeben.

IX. *Audradus corepiscopus Senonensis de mandato beati Petri, qui ei in visione* [849]
apparuit et de licentia archiepiscopi sui Romam profectus est anno indiciarum quinto et libros suos obtulit quarto Leoni papae, qui reverenter eos excepit, inde Senonas reversus Parisius ad concilium evocatus est, et non solum ipse, sed et omnes alii corepiscopi, qui etiam in Francia erant, in eodem concilio depositi sunt.

Albric. 735, 17. 4 *et omnes*] *etiam omnes* H. 4 u. 5 *qui erant in francia* H.

Hierzu ist die Praefatio (oben S. 375) zu vergleichen. Wir sehen aus ihr, dass Audrad Juni 849 in Rom war. Dadurch ist die oben dargelegte Auflösung dieses chronologischen Systems des Audrad durchaus bestätigt. Denn Juni 849 fällt in *induc. ann. V* (1. März 849—1. März 850). Das Pariser Concil war November 849 [2]). Die Nachricht von der Absetzung sämtlicher Chorbischöfe, die in dieser Allgemeinheit nicht richtig ist [3]), haben wir nur durch Audrad. Sie ist wertvoll auch für die Beurtheilung Hincmar's; und Schrörs wird sie, wenn er die Fragmente Audrad's jetzt im Zusammenhang mustert, nicht mehr dadurch zu beseitigen suchen, dass er sie, als nur durch Alberich, zu schwach bezeugt findet. Die Romfahrt wurde von Audrad *pro fratrum salute* [4]) unternommen. Mit diesem Ausdruck bezeichnet er sonst seine ganze Thätigkeit als Prophet. Es ist aber wahrscheinlich, dass er im Besonderen auch für die Chorbischöfe ein Wort bei dem Pabst einlegen wollte.

1) Vgl. unten Fragment XIII.
2) Vgl. oben S. 380.
3) Poet. Carol. 68 Anm. 4 und 69 Anm. 3.
4) Vgl. oben S. 376.

X. *Anno indictionum sexto Audradus vidit raptus in spiritu duos daemones ad accusandum genus humanum ante deum venientes et econtra sanctos omnes populum [dei] defendentes. eodem anno mense sexto iterum raptus vidit, quod dominus arrepto pugione praeparaverit se ad vindictam de inimicis suis. contra beata virgo ita precibus institit, quod iram eius avertit. et sanctus Petrus et sanctus Paulus et sanctus Martinus et Michael archangelus. horum proprie singulorum orationes in libro Audradi continentur. deinde secuntur ibi verba patris ad filium. deinde ordinati sunt principes et dedit dominus unicuique principi horum trium partem unam: beato Petro Ytaliam, Greciam et Asie atque Africe partes, beato Paulo Germaniam totam superiorem scilicet et inferiorem, beato Martino Gallias et Hyspanias. sequitur ibi, quod tribus continuis diebus sol obscuratus est et luna similiter de culpa regum dissidentium et quod iussit dominus ante se adduci Ludovicum Pium et dixit ad eum: quare* etc., vgl. XI. [850]

Albric. 785, 31. 2 *sanctos dei populum dei* H. 4 **quod* PH.

Die erste Vision ist 1. März — 1. August 850, die zweite 1. August — 1. September 850. Genauer geht noch aus dem Folgenden hervor, dass die zweite Vision am 19. August war: drei Tage später ist die Finsternis, und sie ist gerade ein Jahr vor dem 22. August 851, der Niederlage Karl's in der Bretagne. Hier setzen die aus Sirmond's Handschrift von Du Chesne übernommenen Fragmente ein: eine fortlaufende Reihe, die Du Chesne als Kapitel VIII, IX u. s. w. hat abdrucken lassen.

XI. *Et ecce descendens Dominus et cum eo omnes sancti, et sedit in confinio aetheris et aeris. tunc sol obscuratus est tribus continuis diebus et luna tribus eisdem noctibus, et nullum radium in hoc spatio fuderunt in terram, cum nulla nube tegerentur. iussitque dominus ante se venire omnes principes ecclesiarum, qui mox adfuerunt et adoraverunt. cumque benedixisset eos, dixit: 'cuius culpae est, fratres amantissimi, quod sic atteritur et vexatur hereditas mea, quam redemit pater sanguine meo?' at quidam eorum dixerunt: 'domine, culpa regum est'. dixit igitur deus: 'qui sunt hi reges? non cognovi, non constitui'. responderunt et dixerunt ei: 'Ludovicus pater eorum'. dixitque deus: 'ubi est ille?' et adduxerunt eum et dixerunt: 'ecce adest'. et dixit dominus ad eum: 'quare posuisti inter filios tuos tantam discordiam, ut ob hoc tam acriter fideles mei vexentur?' respondit ille et dixit: 'domine, ego putans quod filius meus maior Hlotharius tibi vellet obedire et secundum tuam voluntatem ecclesiam tuam regere, constitui illum loco meo ad regendum populum tuum. sed postea videns eum in superbia contra te erectum et nolle adquiescere ut secundum te gubernaret plebem tuam, submovi eum; et parvulum quem dedisti mihi nomine Karolum videns humilem et obedientem, intellexi dona misericordiae tuae in eo esse; et ideo constitui eum loco maioris, ut humilis semper et obediens secundum tuam voluntatem serviret tibi in ministerio gubernationis populi tui'. respondit dominus et adstantibus sibi dixit: 'certe verum*

XI. Quercet. 'Excerpta libri revelationum quas Audradus Modicus scripsit anno DCCCLIII. Ex Ms. Cod. eruditiss. Viri Iacobi Sirmondi.' Cap. VIII et IX pag. 390 sq. et Albric cfr. X. 2 *similiter* Albric. cfr. X. 10 *tantam* om. Albric. 10 *ut o. h. t. a. f. m. v.*] *omnes simul reges constituendo* Albric. 10 et 11 *ille et dixit domine ego* om. Albric. *maior* om. Albric. *et* om. Albric. 12 *et ecclesiam* Albric. 14 *quem dedisti mihi nomine* om. Albric. 15 *ideo* om. Albric. P. 16 *eum*] *eum esse* Albric. P., *loco* Albric. H. 17 *et adstantibus sibi dixit* om. Albric.

dicit. maiorem propter superbiam a regno removere voluit, minorem propter humilitatem et obedientiam regnare constituit'. 'ubi sunt?' inquit. qui protinus adducti sunt ante eum. et ait dominus: 'Hlotharius quia dixit "ego sum" deicitur. Karolus propter obedientiam et humilitatem stabilitur. quid inquam de tertio?' et dixerunt quidam de adstantibus: 'domine, arma movit in patrem'. cumque gravis sententia de illo iam immineret, alii de adstantibus dixerunt: 'domine, opus bonum inventum est in eo. nam licet multi eius causa de tuo sint absumpti servitio, tamen ille studet, ut de alienigenis loco eorum tibi alios adquirens subroget'. et ait ad haec dominus: 'Hludovicus, quia opus bonum inventum est in eo, stabiliatur et ipse. veniant igitur ante me, et inibo foedus cum eis, quod non liceat violari'. tunc iussu dei adductus est et Hludovicus Italorum rex, filius Hlotharii; et statuti sunt hi tres ante deum. et dixit dominus Karolo: 'tu, puer meus, si humilis et obediens fueris et permanseris coram me et ecclesias meas restitueris in statum suum, quo ordinavi eas, et unicuique ordini congruum suae religionis restitueris caput et ordini unicuique propriam legem tenere feceris et a rapinis et depraedationibus et ecclesiarum violationibus omnem populum, qui tibi committitur, cessare feceris et unicuique homini iustitiam servaveris et corde bono et optimo voluntatem meam semper secutus fueris: ecce do tibi sceptrum regni et coronam. et ut inter te et fratrem tuum Hludovicum Germanorum regem pax sit perpetua, et ipsa, qua partitum est regnum inter vos cum fugarem ante faciem vestram Hlotharium, erit divisio regnorum vestrorum nec tuus in partem Hludovici nec eius in partem tuam processus. et tu, Hludovice, in sermonibus istis eundem habeas mecum pactum firmatum. similiter et tu, alter Hludovice, Italorum rex. et inter vos tres pax perpetua in his verbis et in hoc pacto maneat. et ob hoc, quod mihi in hunc modum servieritis, do tibi, Karole, ut Hispanias duce beato Martino principe ⟨iterum⟩ liberes ab infidelibus et tuo regno ad honorem nominis mei secundum libertatem fidelium meorum consocies. nec genus Scytharum, quae regnum tuum immodice affligit, contra te tuumque regnum praevaleat et falsi fratres ac rebelliones tui regni ante faciem tuam velut fumus ante faciem venti deficiant. tibique tui filii et nepotes, si hoc pactum servaverint, succedendo feliciter, donec in eo coram me steterint, in regnum succedant. verumtamen quia ecclesias de suo statu submovere non timuisti et propter te tantum malum affligit ecclesiam meam, scias te sequenti anno in hoc ipso mense, qui nunc est, Brittanniam venturum ibique ita ab inimicis tuis dehonestandum, ut ⟨vix⟩ vivus evadas.

1 tort.: *respondit dominus et adstantibus sibi dicit: ⟨'verumne dicit?' et unus de adstantibus dixit:⟩ 'certe verum dicit.* 1 *maiorem* — 3 *dominus*] om. Albric. 3 *quia dixit ego sum deicitur*] *propter superbiam decipitur* Albric. 4 *quid inquam*] *dixerunt sancti domine quid* Albric. *et dixerunt q. de a. d.*] *qui* Albric. 5 *in*] *contra* Albric. *cumque — immineret*] *et* Albric. 5 et 6 *de adstantibus dixerunt*] *responderunt* Albric. 6 *n. l. e. c. multi* Albric. *sunt de tuo* Albric. H. 8 et 9 *et ait a. h. d. H. q. o. b. i. e. i. e. s. e. i.*] *et iste* (om. P.) *ait dominus stabiliatur* Albric. — *Hl.* Quercet. corr. Bouquet 9 *veniant igitur etc.* — 16 *do tibi*] *et constituit dominus Karolo* Albric. 17 *te*] *eum* Albric. *suum* Albric. *Germanorum regem* om. Albric. 17 *pax* — 22 *servieritis*] *pax firmaretur et aliam ludouicum lotharii filium ecce* Albric. 19 *Hl.* Quercet. corr. Bouquet 23 *beato Martino principe*] *Martino* Albric. *iterum* om. Quercet. 23 *ad honorem* — 24 *consocies*] *asocies* Albric. *nec* — 29 *meam*] *propter illa tamen que fecisti* Albric. *in hoc ipso mense qui nunc est* om. Albric. 30 *ibique — tuis*] *et ita* Albric. *vix* om. Quercet.

diuque moretur perfidus et nefandus Virinnus, qui non extimuit conculcare nobilitatem ecclesiarum mearum abbatem se glorians monasterii beati Martini et ceterorum. devorabunt enim idcirco carnes eius ferae silvarum. similiter et ceteri multi corruent et tu, ut dixi, difficulter evades. siquidem noli tunc desperare de recuperanda salute, sed quascumque ecclesias eo bello deliberavero, restitue in statum suum; et ego tibi omnes illas, quae sunt in regno tuo deordinatae, consequenter deliberabo. vide tu omnimodis, ut neque pro aliqua ambitione aut pristina temeritate iterum a suo ordine vel statu eas amplius removeas, si pactum meum, quod hodierna die tecum pepigi, vis inviolabile permanere. quodsi hoc tu non servaveris, nec verba pacti mei tibi se conservabunt. et tu, Hludorice Germanorum rex, accipe sceptrum regni et coronam hanc in firmamento pacti huius. quodsi conservaveris, duce beato Paulo principe erit in gentes, quae sunt adhuc infideles apud Germanias, felicissima dilatatio tua. si autem tu hoc non conservaveris, nec pactum meum, quod ego tecum pepigi, stabile manebit. tu autem, Hludorice Italorum rex, accipe sceptrum regni et coronam hanc in firmamento pacti huius. quodsi servaveris, duce beato Petro principe erit contra gentes, quae opprimunt regnum tuum, felicissima extensio tua. sin autem, mutabitur et istud. hi enim tres principes, quos duces et adiutores cum exercitibus suae societatis vobis dedi, ab imminenti damnatione mundum suis inaestimabilibus precibus modo eripuerunt, sine quorum, ut ordinavi, ducatu et protectione nulla vestris congressibus cedet prosperitas. servantibus quoque vobis, ut dixi, pactum hoc, quod hodie sollemniter vobiscum pepigi: tunc hi duces et coram me vestram vestrorumque regnorum causam semper peragent et, quocumque sive ad bellum sive ad pacem processeritis, vestri vestrorumque duces optatissimi et invicti protectores erunt'. haec complens dominus ordinavit in omnibus ecclesiis principes sive pastores suae bonae voluntatis, dans finem his, qui falso vocabulo censentur pastores, (res)tituens capita plebium universorum Christianorum, et benedixit mundum dicens: 'quia pro iniquitatibus hominum modo quasi iam damnatus omnibus elementis appares, nunc accipe benedictionem meam et esto fecundissimus hoc anno sequenti, ut nulli dubium maneat, quia ego his tribus diebus, quibus solis et lunae radii se absconderunt, visitaverim ecclesiam meam eiusque causam disposuerim'. factumque est. et haec percomplens dominus ascendit super omnes caelos in dextera patris. venit quoque anniversarii dies et sermo domini completus est in Karolum et exercitum eius. namque Virinnum ab hostibus interfectum devoraverunt ferae silvarum. et multae ecclesiae ab oppressoribus suis, ut dominus praedixerat, eo bello sunt deliberatae. mandaverat hoc legatus ecclesiarum Karolo regi per Rothbernum quendam cubicularium regis et omnem textum narrationis exposuerat. quod rex obedire neglexit, sed inhonestissime a Brittannia reversus non restituit ecclesias in ordine suo. quam ob rem adduxit Normannos in Gallias deus, qui eas terra marique vastarent. et immanitas omnium malignantium velut ira dei coepit undique in partem horum regum effervescere. tunc legatus ecclesiarum tribus diebus et noctibus continuis, tertio sine cibo et potu, coram deo permansit orans, ut misereretur populo suo et non subtraheret indutias datas. qui iterum flexus ad pietatem miseratus est et utcumque ex parte mitigavit iram furoris sui sustinens adhuc induciarum spatium.

1 *et diu m. p. V. maioris monasterii falsus abbas* Albric., qui hic finit. 19 *sollenniter* Quercet. 23 **pastores similiter* Quercet.

Ueber die Zeitereignisse ist das Nötige zu Fragment VIII und XI gesagt worden. Vivianus fällt nach der Niederlage Karl's auf der Flucht. Von Normanneneinfällen hören wir aus dieser Zeit genug[1]). Den Rothbernus hält Dümmler[2]) für den Ruadbern, den wir als Freund der Kaiserin Judith kennen; eine sehr wahrscheinliche Vermutung, da Audradus als Prophet zuerst zu Gunsten der Judith auftritt[3]).

XII. *Et factum est anno DCCCLIII, hoc est indictionum novo tertio mense; iterum evocavit me rex Karolus ad se, et cum principibus ecclesiarum — testibus Wanilone Hincmaro Amalrico Pardulo venerabilibus archiepiscopis, praesente Christianissima regina Ermentrude — coepit percontari de his omnibus vel, si in aliquo potuissem deprehendi mendacio, sciscitari. at ego in sermone domini iterum illi, ut supra scripta sunt, omnia enarravi. qui coepit iterum atque iterum promittere, quod infra duos menses sancti Martini ecclesiam seu ceteras, quae videbantur apertae, in suo ordine restituisset. quod non adimplevit, sed ad provocandam adhuc iram omnipotentis accersivit quendam diaconum nomine Burchardum, qui erat partibus Hlotharii regis, et commendavit illi ecclesiam Carnotensium, ut esset ei pontifex; acsi nullum in regno dignioris nominis clericum invenire potuisset. et dixit Weniloni Senonum archiepiscopo, ut eum ordinaret episcopum. vocavit autem me idem archiepiscopus et dixit: 'scio ad iram dei provocandam regem nostrum Karolum egisse, ut Burchardum a partibus Hlotharii evocaret et pastorem ecclesiae constitueret. nam de eo per universas regni huius ecclesias fama ⟨mala⟩ et dictu horribilis divulgata est. sed si esse posset, ut dei iracundia non provocaretur, quia apud saeculi causam strenuus esse dinoscitur, rogo te omnimodis, ut ores deum, quatenus dignetur tibi ostendere, si esse possit ullo modo, ut secundum eius voluntatem idem Burchardus fieri mereatur episcopus. nam ego, si esse posset, satis hoc vellem: est enim mihi consanguineus. age ergo, ut moneo, et si aliquid inde dignatus fuerit ostendere tibi deus, non abscondas a me illud: in fide dei te obtestor'. cumque orarem solito pro fratrum salute, etiam et pro supra dicto negotio, ecce dominus dignatus est me audire et descendens de caelo lumine suo circumfulsit me in loco, quo eram orans, et dixit: 'maledicta dies, qua erit Burchardus episcopus'. et haec dicens in caelum redit. unus autem ex angelis, qui cum eo venerant, ad dexteram mihi remansit et ait: 'nosti quid dixerit dominus?' et aio: 'domine, apertius scire vellem'. at ille dixit: 'omnibus diebus, quibus fuerit Burchardus episcopus, stillabit ira dei super omnes ecclesias usque ad ruinam illarum. idcirco excommunicando prohibet ordinatorem eius altissimus, ne imponat illi manus in benedictione episcopali'. et haec dicens dominum secutus est. ego autem adorans et gratias agens retuli universa archiepiscopo meo, qui mox scriptum misit oraculum istud regi Karolo. et ego conventui episcoporum, qui ob hoc Senonas convenerant, monente iam dicto archiepiscopo retuli illud. qui*

XII. Quercet. cap. XV p. 392. 5 * *Leopardalo* Quercet. 14 ' *ecclesias . . . . fama et* Quercet. 18 *ago* Quercet corr. Bouquet.

1) Dümmler Gesch. des Ostfr. R.^{2} I 354
2) Ebenda 96.
3) Vgl. oben Fragment I S. 378.

primo quidem noluerunt ordinare episcopum eundem Burchardum tam evidens dei oraculum pavescentes, sed imperium regis postea et multorum episcoporum ac principum regni consensus praevaluit; et mense quarto anni induciarum noni ordinatus est episcopus. cuius ordinationem aperte ira dei mox secuta est et sequenti mense per totum mundum vento urente percussae sunt vineae. <et> tempestates et tonitrua et pericula caelitus ultra quam dici possit emissa. eodemque anno Nortmanni per Ligerim alveum ascendentes monasterium sancti Martini Turonense et basilicam eius toto orbe venerabilem nullo obstante mense nono incendunt. corpus autem beati domni Martini clerici eius inde fugientes secum portaverunt in monasterium monachorum quod dicitur Cormaricus eidem sancto subiectum. tunc pactum, quod pepigerat Christus cum regibus, irritum factum est, quia non ad emendationem se ullo modo, sed apertissime ad provocandam super se magis iram dei omnipotentis converterunt. idcirco et omnis pax rapta est et omne malum iterum ceu reviviscens super omnes ecclesias velut intolerabilis maris procella superinundavit, ut nulli dubium esse posset fideli aut infideli ira dei caelitus ecclesias omnes et totum mundum undique et ubique conquassari. tunc maxima pars legationis meae irrita facta est et omnis confusio et maledictio coepit superinundare.

Das vorstehende Fragment ist, historisch betrachtet, das wichtigste. Schon Cellot[1]) deutete einzelne chronologische Probleme daraus, konnte aber seine Deutungen nicht begründen, da Alberich's Chronik, die den Schlüssel gibt, ihm nicht zugänglich war.

Am Beginn stehen wir nach Audrad's Rechnung in *Induc. ann. IX mens. III*, das ist 1. Mai—1. Juni 853. König Karl ist von verschiedenen Kirchenfürsten umgeben, seine Gemahlin ist anwesend. Der Zeitpunkt kann nicht zweifelhaft sein. Nach der Synode von Soissons April 853 hat sich Karl mit einigen Bischöfen und Aebten nach der Pfalz Quierzy begeben[2]). Hierhin bescheidet er zum zweiten Male den Propheten. Wann und wo er ihn das erste Mal empfing, steht in unseren Bruchstücken nicht. Er kann Audrad nicht, wie er versucht, der Lüge überführen, und aus Furcht vor seiner drohenden Weissagung verspricht er ihm vorläufig, das Kloster von Marmoutier nicht wieder einem Laienabt auszuliefern. Also Graf Robert, der Nachfolger des Vivianus ist damals noch nicht Abt[3]), wird es aber vor Juni/Juli oder Juli/August desselben Jahres. Denn der König bricht sein Versprechen. Ja noch mehr: entgegen den Wünschen der Partei des Audrad, beruft er einen Diacon Burchard aus dem Gebiet Lothar's auf den Stuhl von Chartres. Wanilo von Sens, sein Blutsverwandter, der ihn weihen soll, sucht Audrad umzustimmen. Vergeblich: eine neue Offenbarung, die Audrad hat, verbietet die Weihe noch entschiedener. Um weiter über diesen Fall zu berathen, kommen die Bischöfe nach Sens zusammen. Audrad trägt ihnen hier seine letzte Offenbarung vor; sie sind erst gegen Burchard, aber im 4. Monat, d. h.

1) L. Cellotius Historia Gotteschalci praedestiniani Paris 1655 S. 270 ffg.
2) Prudent. a. 853.
3) Damit lässt sich Dümmler a. a. O. I 450 vereinen.

1. Juni — 1. Juli 853 wird er dennoch geweiht. Daraus folgt, dass, anders als Mansi annahm, der Conventus Senonensis nach dem Concilium Suessionense und zwar zwischen Mai und Juli stattfand und dass in Sens weiter nichts geschieht, als was in Soissons im 3. Canon beschlossen wurde[1]. Die Beschlüsse von Soissons hat Burchard als geweihter Bischof erst nach dem Tag von Sens unterzeichnet[2]. Aus Zorn über die Missachtung seines Willens lässt Gott Kloster Marmoutier im 9. Monat von den Normannen zerstören, d. h. 1. November/1. December. Es war, wie wir wissen, am 8. November[3]. Die Mönche aber retten den Leib des HMartin nach SMartin in Cormery. Prudentius berichtet dasselbe so:[4]) *Item pyratae Danorum . . . mense Novembri, VI. videlicet Idus, urbem Turonum impune adeunt atque incendunt cum ecclesia sancti Martini et ceteris adiacentibus locis, sed quia evidenti certitudine hoc praescitum fuerat, corpus beati Martini ad Cormaricum, monasterium eius ecclesiae . . . transportatum est*. Cellot[5]) bezieht die *evidens certitudo*, nach der die Mönche von Marmoutier sich zu rechter Zeit auf die bevorstehende Katastrophe vorbereiten konnten, auf die voraufgegangene Offenbarung des Audrad. Da Audrad nach seiner Absetzung gewiss wieder in sein Kloster von Tours zurückging, so ist die Wahrscheinlichkeit eine sehr grosse, dass die Offenbarung Audrad's die Mönche zwar nicht gerettet hat, aber doch später von ihnen die glückliche Fügung in Zusammenhang gebracht wurde mit dem Prophetentum des Klosterbruders. So würde denn die Wirksamkeit Audrad's auch über das hinaus feststehen, was er ihr selbst in seiner Schrift zuweist. Es ändert nichts daran, dass die von ihm aufgezeichneten Orakel, in der ersten wie in der zweiten Ausgabe der Revelationes, Vaticinia post eventum waren.

XIII. '*Audi me, frater: hic est fons, de quo multo labore et studio edidisti venerabilem librum, quem bene titulasti de fonte vitae*'. *et dixit mihi doctor*: '*recognosce scyphum istum: de eo quidem carmina clara in memorato libro vitae fontis composuisti*'.

XIII. Quercet. cap. XVIII p. 398.

Audrad ins Jenseits entrückt, lässt sich von einem Heiligen den Lebensquell und den mystischen Becher zeigen, die er früher besungen hat[6].

XIV. *Et tunc coepit a principio universa dolendo repetere dicens*: '*in die, fili, qua secundum tuam humanitatem resurrexisti a mortuis, postulasti a me omnipotente patre tuo,*

XIV. Quercet. cap. XXIV p. 399. 1 post coepit inseruit *deus pater ed.* Quercet.

1) Mansi XIV S. 990.
2) Ebenda 989.
3) Vgl. oben S. 380.
4) A. 853.
5) S. 273
6) Vgl. Poet. Carol. S. 70 Anm. 2.

omnipotens fili, mihi per omnia coaequalis et consubstantialis, et dedi tibi gentes in hereditatem. et nunc vides, quomodo, quos redemisti, te deserunt et contra te, qui te cognoverunt et adorare didicerunt, arma tyrannica cum sacramento militari partis adversae sumere non sunt veriti. ego quidem, fili, multas inducias te volente, ut ab hac nequitia poenitendo resipiscerent, pro eis me aeque et te ac spiritum nostrum a te meque aeque procedentem nobisque per omnia coaequum et consubstantialem exorantibus sanctis tuis illis concessi: quas neglexerunt et in superbia omnia haec pro nihilo duxerunt. auxeruntque potius sibi opera nequitiae et absque ulla poenitentia in eis perdurant. cumque in hoc crebro ab illis despectus afficerer taedio, evaginavi gladium meum ut interficerem eos, et, quantae infelicitatis essent ac quantae apud me deiectionis, ostendens, diem sanctissimum et celeberrimum paschae ritu pagano in medio eorum apud urbem Parisiacam maculari permisi: ut vel sic experirentur mortem sibi instare vicinius, qui pascha sacrum in celeberrimis suorum locorum basilicis digni celebrare minime valerentur. sed illi mente superba in suis sceleribus obstinatissime obduruerunt; et ego exsurrexi in ira, ut delerem eos omnes. sed tu continuisti me et has decennes inducias voluisti illis mecum inseparabilis voluntas ad poenitentiam adhuc dare.

15 post *dare* addidit *etc.* Quercet. excerptis finem imponens.

Ueber den Normanneneinfall vgl. zu Fragment IV S. 380.

Die fragmentarische Ueberlieferung des Werkes, vor allem aber die Art, wie es erst nach und nach unter der Hand des Verfassers Gestalt gewann, erschweren eine Beurtheilung der gesammten Leistung. Audrad ahmt im Allgemeinen die Prophetieen des alten Testaments nach. Von der Benützung apokrypher Bücher hält er sich in den *Revelationes* frei, während er, wie ich erst nachträglich sehe, im *Liber de fonte vitae* von dem apokryphen *Descensus Christi ad inferos* Gebrauch macht. Die Tendenzen der einzelnen Offenbarungen, die er in seiner Schrift vereinigt herausgab, waren politische. Im Gegensatz zu anderen ähnlichen Werken werden die Persönlichkeiten, welche die Offenbarungen betrafen, ohne irgend welche Verhüllung dem Leser mit ihrem Namen vorgeführt. Aber das mag Audrad erst später so beliebt haben, als seine Worte verhallt waren und er die nutzlos gebliebenen Orakel, sie auf bestimmte inzwischen eingetretene Ereignisse deutend, zu einer litterarischen Production aneinander reihte. Das Band, das diese zusammenhält, ist das, was Audrad seine 'Gesandtschaft für die Kirche' nennt. Er betet, wird erhört, hat Gesichte und verkündet sie. Auf sein Gebet gewährt Christus, während Gott sich des Sohnes Bitten nur schwer fügt, der sündigenden Menschheit und ihren Führern, den Königen der karolingischen Monarchieen, einen zehnjährigen Waffenstillstand, damit sie in sich gehen und Busse thun. Es bedarf immer erneuter Gebete des Audrad, damit die Zeit der zehn Jahre nicht verkürzt werde. Aber die Bosheit der Menschen verhöhnt zunehmend die Geduld Gottes. Vor der Zeit zückt er das Schwert der Rache und hebt den

Waffenstillstand auf. Die *Revelationes* schlossen offenbar mit unserm letzten Fragment: dem Gespräch, in welchem Gott dem immer noch fürbittenden Christus die Gründe seines Entschlusses darlegt. Man wird zugeben, dass die Gedanken Audrad's hier und da der Grossartigkeit nicht entbehren. Daneben fehlt es nicht an Zügen, die uns heute beleidigen: so der Weg, welchen der Verfasser wählt, um seine Stellung zur Trinitätsfrage zu präcisieren [1]). Eine Schilderung des Jenseits, die wir gewohnt sind, in Visionsberichten anzutreffen, ist gewiss nur ausgefallen [2]). Die Sprache hält sich durchwegs auf einer ihrer Zeit nicht gewöhnlichen Höhe, die sie durch die Nachahmung der Vulgata und gelegentliche Benutzung des Wortes eines römischen Dichters erreicht hat. Ob es dem Verfasser schliesslich gelungen ist, seine politischen mit seinen litterarischen Zwecken auszugleichen, können wir nicht mehr beurtheilen. Aber auch sonst böte einen richtigen Maasstab nur die zusammenfassende Betrachtung von dem, was mittelalterliche Kunst und Dichtung in der Behandlung von Vision und Weltgericht, das ist: auf ihrem eigensten Gebiet, geleistet haben. Doch obgleich eine solche Wanderung durch die Weltlitteratur und die Weltkunst Dante und Michel Angelo als verlockenden Zielpunkt vor sich hätte und obgleich Ozanam den Pfad gewiesen und die moderne Kunstarchaeologie ihn erfolgreich betreten hat, es fehlt noch zu viel, als dass wir sagen könnten, wir hätten uns dem Ziel unserer Wünsche überhaupt schon genähert.

Anmerkungen zu Audradus Modicus.

1. Name.

Zu S. 374.

Der Name *Audradus* (*Auderadus*, *Auderat*, *Oterat*, *Otrat* u. s. w.) ist im 9. Jahrhundert häufig und findet sich gleichmässig in den verschiedenen Reichen, vgl. Piper's Index zu den Libri confraternitatum. Ein *Auderadus* 8. Jhd. in Italien bei Galletti Del vestarario Rom 1758 S. 84; *Audradus* in Tours 971 De Grandmaison Fragments de chartes du Xe siècle provenant de St. Julien de Tours Paris 1886 S. 65. *Adradus* im 11. Jahrhundert bei Radulfus von Fleury hält K. Hofmann Amis et Amiles [2] S. XXX für eine Verschreibung von *Ardradus*, aber auch dieser Name, welcher wol von *Audradus* zu trennen ist, begegnet schon früher. Unser *Audradus* wird im 11. Jahrhundert zu *Otradus*, vgl. Poet. Carol. 68 Anm. 5.

2. Zu den Gedichten Audrad's.

Zu S. 376.

Audrad's Gedicht auf den HMartin steht auch, worauf ich durch J. M. Dreron de Paulini Petrocorii vita et scriptis Pariser Thèse 1889 S. 142 Anm. 1 aufmerksam gemacht werde, in der

1) Oben S. 388 f.
2) Vgl. oben S. 388.

Handschrift von Tours 1281 fol. 56. Nach Dorange's Catalog, der das Gedicht nicht ausdrücklich erwähnt, gehört sie zu einem 'Recueil de documents et de copies sur la collégiale de St. Martin de Tours, formé par André Salmon', der die Handschriften 1281—1291 umfasst. Audrad's Gedicht, nehme ich an, ist aus der Cheltenhamer Handschrift, die durch Haenel bekannt wurde, abgeschrieben. Doch schreibt Dreves, der Anfang und Ende mittheilt, dort *nostris precibus*, wo die Cheltenhamer Handschrift *nobis precibus* hat. — In der Passio Juliani IV 8 (Poetae S. 108) habe ich für *nebulonius umbro* vermutet *nebulonius ambro*. Den vollständigsten Aufschluss über *ambro* gibt Du Cange. Ausser auf das von mir Poetae S. 261 Nachgetragene verweise ich noch auf S. 44 fg. des Monobiblos des Gronovius. In biblischen Glossaren begegnet das Wort öfter, vergl. Steinmeyer I 16, 1 fg. — 5 ist *de⟨co⟩ratores* herzustellen — und 801, 19. Gebraucht hat es ferner Angelomus und Adam von Bremen. [Passio II 48 (Seite 93) vermutet Manitius für *munere dotans* '*ditans* oder *donans*'. Sowas sollte man sich doch genieren drucken zu lassen. Aber freilich der Art ist Alles, was bis jetzt in Recensionen über meine Arbeiten zu den karolingischen Dichtern 'nachgetragen' wurde. Und von dieser hier scheide ich mit der erheiternden Gewissheit, dass es ihr nicht besser gehen wird.]

3. Chronologieen Audrad's.

Zu S. 378.

Audrad's chronologische Systeme sind gründlich missverstanden worden. Schon Alberich hat die beiden ersten Fragmente nicht richtig datieren können; Scheffer-Boichhorst, der dieser Frage offenbar keine Aufmerksamkeit geschenkt hat, lässt ihm die Irrtümer durchgehen. Mansi XIV 860, 975 u. ö. ist mit den *Inducite* nicht fertig geworden und hat keine der von Audrad erwähnten Kirchenversammlungen richtig angesetzt. Dom Rivet Histoire littéraire V 131—133, der sonst durch Sammlung des Materials hier wie gewöhnlich den Späteren gut vorgearbeitet hat, verwickelt sich bei der Chronologie in seltsame Irrtümer. Nur Cellot (vgl. oben S. 387) erkannte mit glücklichem Scharfsinn, dass der erste Monat Audrad's März sein muss.

4. Schriftwerke im Archiv von SPeter deponiert.

Zu S. 382.

Die vorhandenen Zeugnisse hat De Rossi Codices Palatini Latini I S. LXXIX gesammelt. Von den älteren ist das über Arator neu herausgegeben worden von Herrn Professor Huemer Wiener Studien II 79. Vielleicht ist dort für *in scrinio dedit eetae collocandum* zu lesen *sc⟨r⟩i⟨nio⟩ be⟨ati Petri⟩ collocandum*.

5. Vision und Weltgericht.

Zu S. 390.

Traube Karolingische Dichtungen S. 152. — C. Fritzsche Romanische Forschungen II und III hat eine Sammlung des literarischen Materiales für die Visionen versucht, die aber unvollkommen ist.

Nachträge.

S. 302. — Die *tria fata* sind dem Mythographus Vaticanus I nicht eigen, vgl. z. B. Peter in Roscher's Lexikon I 1449 ffg. Sein Abschnitt setzt sich zusammen aus Fulgent. I 7 (aus ihm hat er die *tria fata*) und Servius zu Aen. I 22. Den Vers lasen bei ihm schon Mythographus II und III, die Fulgentius (II) und Servius (III) selbständig dazu benutzen. Liutprand soll nach Koehler Neues Archiv VIII 52 den Vers gekannt haben; er kennt ihn nicht und lehnt sich vielmehr an Isidor an, der seinerseits seinen Abschnitt Origines IX 92 aus Augustin contra Faust. XX 9 (wie Arevalo sah), Lactantius II 10, 20 (wie Brandt sah) und Servius a. a. O. zurecht gemacht hat. Den metrischen Fehler beanstandet schon die Metrik des XIV. Jahrhunderts bei Thurot und Bode zum Mythographus I.

S. 331. — Bei der Beurtheilung dieser 'Halbkursive' wäre doch in Betracht zu ziehen, dass Corbie unter Adalhard in Beziehungen zu Montecassino stand.

S. 342. — Wie mir ein jüngerer Freund, Dr. G. Keyssner zeigt, besteht, was ich als Sedul's Gedicht XXV herausgab, aus zwei zu trennenden Gedichten: v. 1—18 und v. 19—74. Das erste könnte also mit der Handschrift auf Lothar bezogen werden. Meine Bestimmung von XXV ist richtig nur für das zweite.

S. 362. — Codex Laudunensis 444 ist von mehreren Händen geschrieben. Ich erinnerte mich, als ich S. 362 schrieb, weder der Beschreibung im Catalogue général des manuscrits des bibliothèques publ. des départ. I (4°) 234, noch der Beschreibung Goetz' Corp. Glossar. II XXVII, noch ihrer Tafeln. Doch ändert das nichts an der Altersbestimmung. Sollte übrigens die merovingische Schrift im Londoner 'Cyrillus' der dem Cardinal Nicolaus von Cusa gehörte, nicht vielmehr irische sein? — Eine Nizaer Handschrift der Excerpte des Heiric wird eben durch den letzten Band der 8°-Cataloge bekannt (XIV S. 464 ffg.). Sie ist wie die am Schluss der Heiricverse zugefügten Glockeninschriften Dido's († 893) zeigen — die drittältesten, die wir dadurch kennen lernen, vgl. Bullettino di arch. crist. IV 5 S. 83 ffg. — die Abschrift einer Handschrift aus Laon. Beziehungen zu Auxerre ist den alten Laoner Handschriften auch sonst nicht fremd. Cod. Laud. 298 ist eine Handschrift, die der kleine Lothar, Karl's des Kahlen Sohn und Heiric's Schüler, zu schreiben befahl. Codex 107 scheint Heiric selbst geschrieben zu haben. Das Verzeichnis seiner Schüler daraus im 4°-Catalogue I 94.

Inhaltsverzeichnisse.

I. Zur Palaeographie.

II. Zur klassischen Philologie.

III. Zur mittelalterlichen Philologie.

IV. Zur Geschichte.

Ille qui [illegible] ut cunctis maximus [illegible]. Clarus [illegible] eloquio

[illegible] nobilis [illegible] dominis. Cunctorum [illegible]. Regis [illegible]

[illegible]. Albis [illegible]. Sed [illegible]

[illegible]. P[illegible] [illegible]. Vocem [illegible]. Cum his

[illegible]. [illegible] placabilis [illegible]

[illegible] suffragia [illegible]. O [illegible] suscipe [illegible]. Caelus philosophos [illegible]

[illegible]. [illegible]

[illegible]. Ipse nos [illegible]

O admirabile [illegible]

[illegible]

[illegible] colu[illegible]. [illegible]

[illegible]

[illegible]

Intra mo[illegible] [illegible] lapidibus [illegible]

iste [illegible]. Cu[illegible] [illegible].

[illegible] [illegible].

D

[illegible] celo [illegible] super sidera.

O admirabile ueneris ydolum. cuius
materie nichil est friuolum. archos te
protegat. qui stellas et polum fecit et
maria condidit et solum. furis ingenio non sentias dolum. cloto te
diligat. que baiulat colum.

S aluto puerum non per ypperbolum. sed
firmo pectore deprecor lachesim.
sororem atropos. ne curet heresim
neptunum comitem habeas et thetim.
cum uectus fueris per fluuium athesim. quo
fugis amabo cum te dilexerim. miser
quid faciam cum te non uiderim.

D ura materies ex matris ossibus creauit
homines iactis lapidibus. ex quibus unus est iste
puerulus. qui lacrimabiles non curat
gemitus. cum tristis fuero gaudebit emulus. ut cerua rugio cum fugit
hinnulus.

V [illegible]
[illegible]